Super-süße Filzfreunde

Laura Howard

Super-süße Filzfreunde

35 Lieblingstiere nähen und besticken

Hallo!

Erstveröffentlichung in Großbritannien, 2013, unter dem Titel
„Super-Cute Felt Animals"
bei CICO Books, einem Imprint von
Ryland Peters & Small
20-21 Jockey Fields   519 Broadway, 5th floor
London WC1R 4BW   New York NY 10012

Text-Copyright © Laura Howard 2013
Copyright Layout und Fotografie © CICO Books, 2013

Redaktion: Emma Bastow
Layout: Louise Leffler
Fotografie: Martin Norris
Illustration: Stephen Dew

Für die deutsche Ausgabe:
© 2015 Christophorus Verlag GmbH & Co. KG, Freiburg
Alle Rechte vorgehalten.

ISBN 978-3-8410-6386-1
Art.-Nr. 6386

Übersetzung: Wiebke Krabbe
Lektorat: Xenia Kuczera
Umschlaggestaltung und Satz: GrafikwerkFreiburg

Sämtliche Modelle, Illustrationen und Fotos sind urheberrechtlich geschützt. Jede gewerbliche Nutzung ist untersagt. Dies gilt auch für eine Vervielfältigung bzw. Verbreitung über elektronische Medien. Der Verlag hat die größtmögliche Sorgfalt walten lassen, um sicherzustellen, dass alle Angaben und Anleitungen korrekt sind, kann jedoch im Falle unrichtiger Angaben keinerlei Haftung für eventuelle Folgen, direkte oder indirekte, übernehmen.

Printed in China.

Dank
Herzlichen Dank an Sheelagh und Chris für all eure Unterstützung und die vielen Tassen Tee. Und großen Dank an alle bei Cico Books für die großartige Zusammenarbeit bei der Entstehung dieses Buchs.

Inhalt

Willkommen! 6
Materialien 8
Hilfsmittel 8
Techniken 9
Geschenkideen 12

Kapitel 1
Im Wald

Fuchs & Welpen 16
Eule 20
Eichhörnchen 22
Dachs 24
Reh 26
Igel 28
Extras 30

Kapitel 2
Auf Safari

Elefant & Junges 36
Krokodil 40
Löwe 42
Flusspferd 44
Giraffe 46
Zebra 48

Kapitel 3
Im Meer

Fische 52
Wal 56
Seepferdchen 58
Krabbe 60
Delfin 62
Qualle 64

Kapitel 4
Auf dem Bauernhof

Hühner & Küken 68
Schwein 72
Schaf 74
Hütehund 76
Kuh 78
Pferd 82

Kapitel 5
Im Garten

Rotkehlchen & Junges 86
Frosch 90
Taube 92
Schmetterling 94
Schnecke 96

Kapitel 6
Im Haus

Hund & Welpen 100
Kaninchen 104
Katze 106
Meerschweinchen 108
Wellensittich 110

Vorlagen 112
Adressen 128
Register 128

Willkommen

Herzlich willkommen in der Welt der zauberhaften Filztiere! Um dir eine Sammlung toller Tiere selbst zu nähen, brauchst du nur einige Materialien aus dem Bastelgeschäft und die Anleitungen aus diesem Buch. Wenn du im Nähen noch nicht viel Übung hast, kein Problem, alle wichtigen Stiche werden gleich zu Beginn erklärt.

Die Vorlagen für alle Tiere findest du im hinteren Teil dieses Buchs. Sie sind in Originalgröße abgedruckt, du brauchst sie also nur durchzupausen. Vorlagen für kleine Figuren kannst du aber auch vergrößern, um dir das Zuschneiden, Nähen und Ausstopfen etwas einfacher zu machen.

Weil die Tiere so klein sind, eignen sie sich prima zum Verschenken, zum Beispiel zum Geburtstag. Das Nähen ist einfach und dauert nicht lange, und wenn du möchtest, kannst du die Tiere auch für hübsche Broschen, Schlüsselanhänger oder Mobiles verwenden (siehe Seite 12–13).

Überall im Buch findest du Tipps zum Abwandeln der Figuren, und natürlich kannst du auch eigene Ideen ausprobieren.

Viel Spaß dabei!

Laura x

Materialien

Das wichtigste Material für unsere Figuren ist Filz. Du hast die Wahl zwischen verschiedenen Arten. Synthetikfilz in vielen Farben und verschiedenen Stärken bekommt man in den meisten Bastelgeschäften. Noch recht neu auf dem Markt ist umweltfreundlicher Filz, der aus recyceltem Plastik hergestellt wird. Außerdem gibt es Filz mit einer mehrfarbig bedruckten und einer einfarbigen Seite.

Filz aus reiner Wolle ist herrlich weich – ein tolles Material für ein besonderes Geschenk. Er ist meistens etwas dicker als normaler Synthetikfilz und seine Farben sind sanft und natürlich. Er ist teurer, aber da du für die Tiere nur sehr kleine Stücke brauchst, fällt der Preisunterschied kaum ins Gewicht.

Filz aus Fasermischungen enthält zwischen 30 und 70 Prozent Wolle, den Rest machen Synthetikfasern aus. Er ist preiswerter und dünner als reiner Wollfilz, aber fast ebenso weich und in ähnlich schönen, sanften Farben erhältlich. Für die Projekte in diesem Buch habe ich solchen Filz aus einer Mischung aus Wolle mit Synthetikfasern verwendet. Du kannst aber jede andere Filzart benutzen, wenn sie nicht dicker als 1–2 mm ist.

Wenn du ein Filztier auf ein Kleidungsstück applizieren möchtest, ist es sehr wichtig, dass dein Filz waschbar ist. Manche Arten von Synthetikfilz sind waschmaschinenfest, aber die meisten sollte man lieber vorsichtig mit der Hand waschen. Wenn Filz häufig gewaschen wird, können sich auf seiner Oberfläche kleine Faserknötchen bilden. Bei Wollfilz besteht außerdem Gefahr, dass er einläuft. Lies unbedingt auf der Verpackung die Waschempfehlungen des Herstellers.

Außer Filz brauchst du zwei verschiedene Arten von Garn für die Tiere: Universal-Nähgarn und Baumwollsticktwist. Der Sticktwist besteht aus sechs oder acht dünnen Fäden, die sich leicht trennen lassen. Je mehr Einzelfäden du benutzt, desto größer muss das Öhr deiner Sticknadel sein.

Für die meisten Projekte wird farblich passendes Nähgarn benutzt, damit die Nähte des fertigen Tiers möglichst wenig auffallen. Nimm ein kleines Stück von deinem Filz mit, wenn du Garn einkaufen gehst, um eine genau passende Farbe auszusuchen.

Außerdem brauchst du einen Beutel Polyester-Füllwatte und einige kleine Perlen in Schwarz und Weiß. Wenn du die Vorlagen abwandeln möchtest, musst du vielleicht noch anderes Zubehör wie Broschennadeln, Bänder oder einen Stickrahmen besorgen.

Hilfsmittel

Für die Projekte in diesem Buch brauchst du eine Schneiderschere, eine Haushaltsschere zum Ausschneiden der Papierschablonen, Stecknadeln, dünnere Nähnadeln zum Nähen und dickere Sticknadeln mit Spitze. Für manche Tiere benötigst du außerdem einen Bleistift und ein Lineal oder ein Stück Transparentpapier zum Durchpausen. Auch Butterbrotpapier, Klebeband und Textilstifte können das Zuschneiden der Filzteile erleichtern (siehe gegenüber).

Du brauchst zusätzlich eine Stickschere. Sie hat viel kürzere und schmalere Klingen als eine Schneiderschere, mit denen sich auch kleine Filzteile ganz genau und sauber zuschneiden lassen. Solche Scheren gibt es in Bastel- und Handarbeitsgeschäften zu kaufen. Wenn du häufiger mit Filz basteln willst, suche dir eine Schere aus, deren Griffe gut in der Hand liegen.

Zum Ausstopfen von Beinen und anderen schmalen Teilen kannst du die Spitze deiner Handarbeitsschere benutzen – aber Vorsicht: Nicht den Filz durchstechen. Ebenso gut eignet sich dafür ein Bleistift, eine dünne Häkelnadel, ein Holzstäbchen aus dem Maniküre-Etui oder ein alter, dünner Pinsel, dessen Borsten du auf 5 mm zurückschneidest (die Borsten halten die Füllwatte fest).

In Handarbeitsgeschäften kann man auch spezielle Werkzeuge zum Ausstopfen kaufen. Fachgeschäfte, die sich auf Puppenbastelei spezialisiert haben, bieten Werkzeuge an, die wie Scheren aussehen, aber statt scharfer Klingen zwei geriffelte „Greifer" haben. Auch sie eignen sich gut zum Ausstopfen kleiner oder enger Bereiche. Wenn du die genannten Werkzeuge und Materialien nicht im Bastelgeschäft bekommst, wirst du bestimmt in einem der vielen Online-Shops fündig.

Techniken

Filzformen zuschneiden

Beim Zuschneiden der Formen hast du die Wahl zwischen vier Methoden. Du kannst Papierschablonen mit Stecknadeln auf den Filz stecken oder mit Klebestreifen festkleben, du kannst Schablonen aus transparentem Papier zuschneiden oder die Umrisse der Formen direkt auf den Filz zeichnen.

Am einfachsten ist es, Papierschablonen auf den Filz zu stecken oder, wenn die Form zu klein ist, einfach mit dem Daumen festzuhalten und den Filz beim Zuschneiden langsam um den Daumen zu drehen. Schneide kleine Formen zuerst grob zu: Das exakte Ausschneiden mit der Stickschere ist einfacher, wenn du nur ein relativ kleines Stück Filz in der Hand halten und nur noch einen schmalen Rand abschneiden musst. Schneide exakt an der Papierschablone entlang und drehe den Filz dabei langsam.

Du kannst die Papierschablonen auch mit durchsichtigen Klebestreifen auf dem Filz festkleben und dann ausschneiden. Verwende dafür nicht deine beste Schere, denn durch den Kleber, der an den Klingen haftet, werden sie stumpf.

In gut sortierten Handarbeitsgeschäften gibt es auch „Freezer Paper" auf Rollen. Zeichne deine Schnittmuster auf die Papier-Seite und schneide sie aus. Lege sie dann mit der glänzenden Seite nach unten auf den Filz und drücke kurz mit einem Bügeleisen (niedrige Stufe und ohne Dampf) darauf. Nicht mit dem Bügeleisen über die Formen streichen, sonst könnten sie verrutschen. Durch die Hitze schmilzt die glänzende Schicht und das Papier haftet am Filz. Schneide nun die Form aus dem Filz aus. Danach kannst du das Papier einfach abziehen. Die Schablonen können mehrmals benutzt werden, bevor sie ihre Klebkraft verlieren. Lies dir die Hinweise des Herstellers genau durch. Synthetikfilz darf nur lauwarm gebügelt werden. Er kann durch zu große Hitze schmelzen.

Du kannst auch einfach die Umrisse deiner Schablonen direkt auf den Filz zeichnen und ausschneiden. Damit man die Striche später nicht sieht, drehst du die Schablonen vor dem Zeichnen einfach um – dann liegen die Striche auf der Innenseite der fertigen Figuren. Zum Vorzeichnen kannst du einen normalen Filzstift verwenden, aber auch einen speziellen Textilstift oder einen Kreidestift (für dunkle Stoffe). Im Handarbeitsgeschäft gibt es sogar Stifte, deren Striche nach einer Weile von selbst verschwinden. Auf rauen Filzarten ist es nicht einfach, ganz gerade Linien zu zeichnen. Arbeite ganz langsam und probiere den Stift zuerst auf der Rückseite eines Filzrests aus.

Kleine Formen zuschneiden

Wenn du sehr kleine Formen ohne Schablone zuschneiden willst, schneide zuerst ein kleines Quadrat aus Filz aus. Für einen kleinen Kreis schneidest du dann schneckenartig in das Filzquadrat hinein und drehst es dabei zwischen Daumen und Zeigefinger der anderen Hand, bis dein Kreis die richtige Größe hat.

Beim Zuschneiden kleiner Formen brauche ich oft zwei oder drei Versuche, bis sie perfekt gelingen. Wirf kleine Reste nicht weg, sondern benutze sie, um das Zuschneiden zu üben.

Wenn es dir schwer fällt, kleine Formen aus freier Hand zuzuschneiden, kannst du sie auch zuerst auf ein Stück Papier zeichnen, ausschneiden und dann – genau wie größere Formen – mit transparentem Klebestreifen auf den Filz kleben und zuschneiden.

Nähen

Für die Projekte in diesem Buch brauchst du nur wenige Stiche zu kennen.

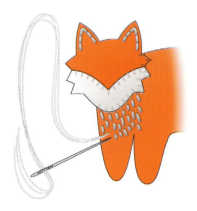

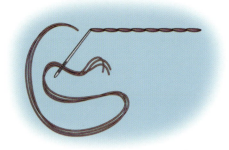

Spannstich

Von hinten nach vorn durch den Filz stechen und den Faden ganz durchziehen. Ein kleines Stück daneben wieder zur Rückseite stechen und den Faden ganz durchziehen.

Rückstich

Beginne mit einem kleinen Spannstich. Steche mit der Nadel dann eine Stichlänge weiter weg vom Ende des Spannstichs wieder in den Filz hinein, als ob du einen neuen Stich beginnen wolltest. Geh aber dann auf deiner Nahtlinie nicht „vorwärts", sondern stich genau da ein, wo der letzte Stich endet. Den Faden durchziehen. Für den nächsten Stich kommst du wieder eine Stichlänge vor dem Ende des vorigen Stichs heraus.

Überwendlicher Stich

Um zwei Filzlagen an ihren Kanten zusammenzunähen, beginnst du zwischen den Lagen, damit der Knoten nicht zu sehen ist. Komm mit der Nadel nach vorn heraus. Für den nächsten Stich ein kleines Stück links vom ersten Stich von hinten durch beide Filzlagen stechen. Den Faden durchziehen: Er legt sich jetzt schräg über die beiden Kanten. Die nächsten Stiche ebenso nähen und auf gleichmäßige Abstände achten.

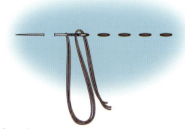

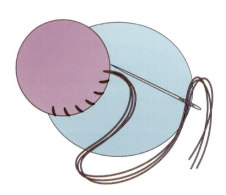

Heftstich

Mit der Nadel nach unten durch den Stoff und in etwas Abstand wieder nach oben stechen. Nach jedem „Auf und Ab" den Faden durchziehen. Du kannst auch eine Reihe kleiner Spannstiche nähen, also nach jedem Einstich und nach jedem Ausstich den Faden durchziehen (siehe oben). Das ist sinnvoll, wenn du durch mehrere Filzlagen nähst.

Wenn du ein Filzteil auf ein anderes nähen möchtest, stich mit der Nadel von hinten nach vorn. Dann knapp außerhalb der Kante des oberen Teils nach unten durchstechen und ein kleines Stück daneben durch beide Filzlagen stechen, sodass die Nadel knapp innerhalb der Kante des oberen Teils wieder herauskommt. Den Faden durchziehen: Der Stich liegt schräg über der Kante des oberen Filzteils.

Besondere Tipps

Augen und Pupillen
Manche Tiere in diesem Buch haben Augen aus kleinen Perlen, bei anderen bestehen sie aus Filzkreisen. Wenn du das Ausschneiden so kleiner Kreise schwierig findest, kannst du die Augen auch aufsticken. Für einen kleinen Punkt (Pupille) teilst du einen Faden Sticktwist und arbeitest mit drei Fäden. Sticke damit drei oder vier sehr kleine Spannstiche (siehe gegenüber) ganz dicht nebeneinander. Einen größeren Kreis stickst du auch mit dreifädigem (geteiltem) Sticktwist. Beginne mit einem Stern aus vier Stichen, die sich kreuzen. Dann stickst du ungefähr acht Stiche darüber, um die Lücken auszufüllen und einen ausgefüllten Kreis zu erhalten.

Vorder- und Rückseite eines Tiers zusammennähen
Die Hauptteile eines Tiers werden mit sehr kleinen überwendlichen Stichen in engen Abständen zusammengenäht. Zwischen den Stichen dürfen keine größeren Lücken bleiben, denn dort könnte die Füllwatte herausrutschen. An engen Rundungen und dort, wo zwei Filzteile zusammentreffen, musst du besonders sorgfältig nähen.

Um den Kopf nähen
Bei vielen Tieren wird zuletzt eine Reihe von Stichen um den Kopf genäht, um die Lagen zusammenzuhalten. Da das Tier jetzt schon zusammengenäht ist, kannst du nicht auf der „linken" Seite beginnen, um den Knoten im Inneren zu verstecken. Du musst also am Anfang der letzten Stichreihe einen langen Faden hängen lassen und später ins Innere des Tiers ziehen. Oder du bindest einen Knoten ins Fadenende, stichst in größerem Abstand zum ersten Stich ins Tier ein und ziehst vorsichtig am Faden, bis der Knoten durch den Filz ins Innere rutscht.

Ausstopfen
Zum Ausstopfen brauchst du etwas Geduld. Zupfe immer nur kleine Flocken von der Füllwatte ab und schiebe sie ins Innere. Du wirst bald ein Gefühl dafür bekommen, wie groß die Watteflocken für verschiedene Teile des Tiers sein dürfen.

Schiebe die Watte mit einem Hilfsmittel (siehe Seite 8) in Beine und andere schmale Teile. Den Körper kannst du mit den Fingern ausstopfen. Nimm dir Zeit! Wenn du es beim Ausstopfen zu eilig hast, kann es leicht passieren, dass das Tier ungleichmäßig und bucklig aussieht.

Achte beim Ausstopfen auch darauf, dass die Watte nicht an den Nähten herausquillt. Je mehr Watte du in ein Tier stopfst, desto rundlicher wird es und desto fester fühlt es sich an. Aber Vorsicht: Wenn du das Tier zu fest ausstopfst, kann es sich hässlich verformen oder die Nähte können sich lösen. Für weiche 3D-Tiere brauchst du nicht viel Füllwatte.

Wenn du die letzte Öffnung zunähen willst, schiebe zuerst die Füllwatte aus dem Weg, damit sie nicht mit festgenäht wird. Nach dem Zunähen kannst du das Tier vorsichtig in Form drücken. Und falls am Ende einige Wattefasern aus einer Naht hervorschauen, kannst du sie ins Innere zurückschieben, vorsichtig herauszupfen oder abschneiden.

Techniken 11

Geschenkideen

Alle Filztiere eignen sich prima zum Verschenken. Wenn du aber jemandem eine besondere Freude machen willst, kannst du sie auch abwandeln oder verschönern. Für ein größeres Tier brauchst du nur die Vorlagen aus dem hinteren Teil des Buchs zu vergrößern. Vielleicht musst du für das vergrößerte Tier einige zusätzliche Stiche sticken, mit ungeteiltem Sticktwist arbeiten oder mehr Pailletten aufnähen, um eine Fläche zu füllen. Möglicherweise musst du einen Filzkreis als Auge aufnähen, weil eine Perle zu klein wäre. Beginne mit dem Ausstopfen, solange du noch alle Ecken und Winkel gut erreichen kannst.

Girlande

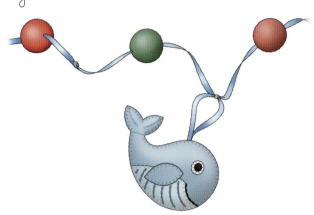

Nähe mehrere Tiere mit Bandschlaufen und fädele sie auf ein langes Stück Band. Knote sie in gleichmäßigen Abständen fest. Die Enden des Bandes müssen lang genug sein, um die Girlande zu befestigen. Du kannst zwischen den Tieren auch noch Knöpfe oder Filzperlen auf das Band ziehen.

Anhänger

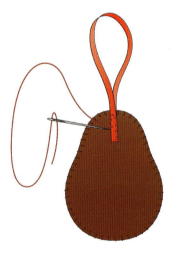

Wenn du vor dem Zusammennähen von Vorder- und Rückseite eine Bandschlaufe zwischen die Lagen schiebst, kannst du die Figur aufhängen. Falte ein Stück schmales Band doppelt und nähe die Enden mit überwendlichem Stich (siehe Seite 19) auf der Rückseite eines Hauptteils fest. Die Stiche dürfen auf der Vorderseite des Filzteils nicht zu sehen sein. Danach werden Vorder- und Rückseite so zusammengenäht, wie es in der Anleitung beschrieben ist.

Anhänger für Schlüssel, Handy, Tasche oder Reißverschluss

Nähe eine kurze Bandschlaufe an ein Tier und befestige an ihr einen Schlüsselring oder einen kleinen Schnapphaken. Ganz kleine Tiere (zum Beispiel die Tierbabys aus dem Waldkapitel, Seite 30) eignen sich auch als Anhänger für den Reißverschluss an einem Täschchen oder Portemonnaie. Ziehe ein Bandende durch den Schlitten des Reißverschlusses, bevor du die Schlaufe am Filztier festnähst.

Mobile

Mit transparentem Nähgarn kannst du mehrere Tiere an einem Mobile aufhängen. Dafür gibt es im Bastelgeschäft Bausätze zu kaufen. Du kannst aber auch dünne Rundhölzer zu einem X zusammenbinden oder den inneren Ring eines alten Stickrahmens benutzen. Hänge das Mobile mit Nähgarn oder Stickgarn an einen Deckenhaken. Entscheide selbst, welche Tiere du für dein Mobile verwenden möchtest – ganz verschiedene oder alle aus einem Kapitel.

Broschen

Nähe die Broschennadel an die Rückseite des Tiers, bevor du die Hauptteile zusammennähst. Nimm dafür doppeltes Nähgarn und stich mehrmals durch jedes Loch der Grundplatte, damit die Nadel gut hält. Danach geht es – wie in der Anleitung beschrieben – mit dem Zusammennähen der Hauptteile und dem Ausstopfen des Tiers weiter.

Wenn die Brosche nicht (wie rechts) ausgestopft werden soll, applizierst du ein Tier auf ein Stück Filz und schneidest es danach so aus, dass diese Filzunterlage ringsherum ein kleines Stück hinter dem Tier hervorschaut. Nimm diese Form dann als Schablone, um ein zweites Stück Filz zuzuschneiden. Nähe die Broschennadel an die Rückseite dieses zweiten Stücks. Danach legst du die beiden Teile genau aufeinander und nähst sie mit Nähgarn in einer passenden Farbe zusammen – mit überwendlichem Stich oder Heftstich (siehe Seite 10), du hast die Wahl.

Tiere applizieren

Statt ein dreidimensionales Tier zu nähen, könntest du es auch applizieren. Setze alle Teile der Vorderseite zusammen und lass die Wattierung weg. Entscheide selbst, worauf du das Tier applizieren willst – vielleicht auf ein Portemonnaie, ein Lavendelsäckchen, eine Handyhülle oder, wenn du die Vorlage vergrößerst, auf eine Tasche oder ein Kissen. Schau dir das Foto des fertigen Tiers an und überlege, welche Teile du brauchst, um nur die Vorderseite zusammenzusetzen.

Für ein Motiv, das als Ganzes appliziert wird, nähst du die gesamte Vorderseite des Tiers zusammen. Beine, Schwanz und andere Einzelteile werden an der Rückseite des vorderen Hauptteils festgenäht (weil es ja, anders als bei ausgestopften Tieren, kein hinteres Hauptteil gibt). Das fertige Motiv wird dann entlang seiner Kante mit passendem Nähgarn und überwendlichem Stich (siehe Seite 10) auf dem Hintergrundstoff festgenäht. Diese Methode eignet sich für Applikationen auf gekauften Accessoires.

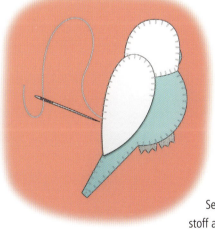

Du kannst auch alle Lagen der Vorderseite einzeln mit überwendlichem Stich (siehe Seite 10) auf einen Hintergrundstoff applizieren – entweder auf ein Kleidungsstück oder Accessoire, oder auf ein Stück hübschen Stoff, den du in einen Stickrahmen einspannen und an die Wand hängen kannst. Wenn du unter das Tier noch deinen Namen stickst, kannst du es auch an deine Zimmertür hängen.

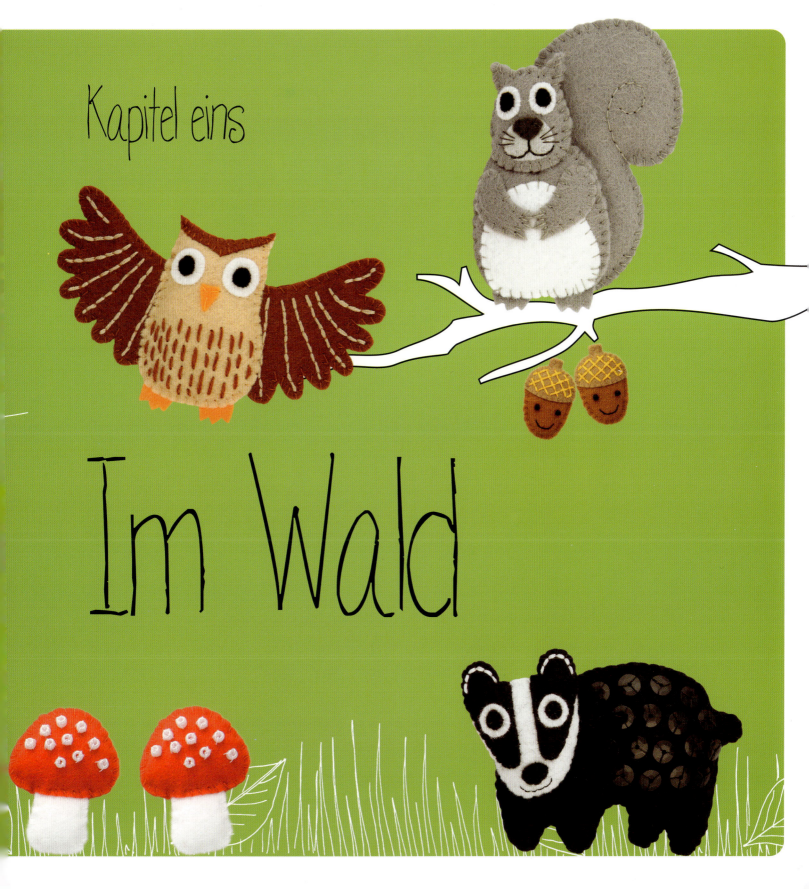

Kapitel eins

Im Wald

Die Fuchsfamilie

Darf ich vorstellen: Die freundliche Mama Fuchs mit ihren beiden Welpen. Ich habe sie aus orangefarbenem Filz zugeschnitten, aber du kannst auch roten benutzen. Die Vorlage für den Welpen schaut nach links. Für den zweiten Welpen drehst du einfach alle Teile um, bevor du mit dem Zusammennähen beginnst.

Du brauchst:

Vorlagen auf Seite 112

Orangefarbenen Filz, ca. 16,5 x 18 cm

Weißen Filz, ca. 5 x 6,5 cm

Filzrest in Schwarz

Nähgarn in passenden Farben

Weißen Baumwollsticktwist

4 schwarze Rocailles, Ø 2,6 mm

Polyester-Füllwatte

Nähnadeln, Sticknadeln, Schere, Stecknadeln

Der große Fuchs

1 Schneide mithilfe der Vorlagen die folgenden Teile zu: einen Kopf, einen vorderen Körper und einen hinteren Körper aus orangefarbenem Filz. Einen Schwanz, ein Gesicht und zwei Augen aus weißem Filz. Schneide aus schwarzem Filz zwei kleine Kreise für die Pupillen und ein Oval für die Nase (Tipps zum Zuschneiden kleiner Formen siehe Seite 9).

2 Lege den Kopf ans Vorderteil. Kontrolliere, ob danach der vordere und der hintere Körper genau gleich groß sind. Den Kopf mit orangefarbenem Nähgarn und überwendlichen Stichen (siehe Seite 10) an den vorderen Körper nähen.

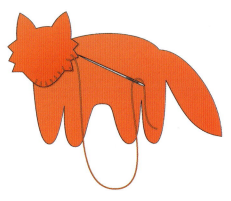

3 Schwanz und Gesicht mit weißem Nähgarn in überwendlichen Stichen festnähen.

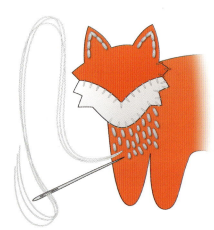

4 Einen Faden weißen Baumwollsticktwist teilen (sechsfädigen Sticktwist in 2 x drei Fäden). In eine Sticknadel einfädeln und entlang der Ränder der Ohren eine Linie im Rückstich (siehe Seite 10) sticken. Die Brust mit kleinen Spannstichen besticken.

5 Augen, Pupillen und Nase mit farblich passendem Nähgarn und überwendlichen Stichen an den Kopf nähen. Den lächelnden Mund mit schwarzem Nähgarn im Rückstich aufsticken.

6 Die beiden Körperteile vorerst nur am Schwanz mit überwendlichen Stichen und farblich passendem Nähgarn zusammennähen. Vom unteren Schwanzansatz zur Schwanzspitze und weiter zum Rücken des Fuchses nähen. Für die Schwanzspitze weißes Nähgarn verwenden. Stopfe den Schwanz allmählich aus, während du seine Oberseite nähst (Tipps zum Ausstopfen siehe Seite 11).

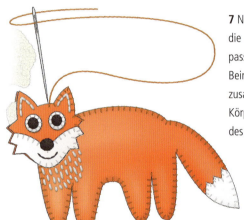

7 Nun direkt unter dem Kopf beginnen und die Beine mit überwendlichen Stichen und passendem Nähgarn zusammennähen. Die Beine ausstopfen, dann Rücken und Kopf zusammennähen und dabei allmählich den Körper ausstopfen. Nimm für den weißen Teil des Gesichts weißes Nähgarn.

8 Wenn du möchtest, kannst du noch mit Nähgarn in Orange eine Reihe Heftstiche (siehe Seite 10) von unten nach oben entlang der Unterkante des Kopfes nähen, um seine Form zu verbessern. Stich durch alle Filzlagen und die Füllwatte und zieh die Lagen fest zusammen. Drehe den Fuchs dabei öfter um und kontrolliere, ob die Stiche auch auf der Rückseite ordentlich aussehen.

Die Welpen

1 Schneide mithilfe der Vorlagen für jeden Welpen einen Kopf, einen vorderen Körper und einen hinteren Körper aus orangefarbenem Filz sowie ein Gesicht aus weißem Filz zu. Schneide aus schwarzem Filz ein kleines Oval für die Nase aus (Tipps zum Zuschneiden kleiner Formen siehe Seite 9).

2 Lege den Kopf auf den vorderen Körperteil. Kontrolliere, ob der vordere und der hintere Körper genau zusammenpassen. Den Kopf dann mit orangefarbenem Nähgarn und überwendlichen Stichen (siehe Seite 10) an den vorderen Körper nähen.

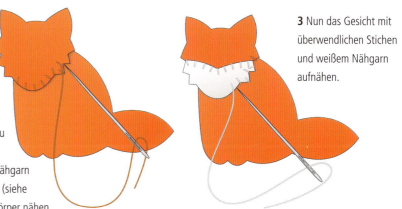

3 Nun das Gesicht mit überwendlichen Stichen und weißem Nähgarn aufnähen.

4 Einen Faden weißen Baumwollsticktwist teilen (sechsfädigen Sticktwist in 2 x drei Fäden). In eine Sticknadel einfädeln und entlang der Ränder der Ohren eine Linie im Rückstich (siehe Seite 10) sticken. Brust und Schwanzspitze mit kleinen Spannstichen besticken.

5 Die Nase mit überwendlichen Stichen und schwarzem Nähgarn auf das Gesicht nähen. Mit dem schwarzem Nähgarn nun zwei schwarze Rocailles mit drei oder vier Stichen als Augen aufnähen und den Mund im Rückstich sticken.

6 Sticke die Umrisse der Beine wie auf der Abbildung mit orangefarbenem Nähgarn im Rückstich auf.

7 Nun die beiden Körperteile mit überwendlichen Stichen und passendem Nähgarn zusammennähen. Zuerst den Schwanz vernähen und gleich ausstopfen (Tipps zum Ausstopfen siehe Seite 11). Dann Körper und Kopf zusammennähen und währenddessen ausstopfen. Das weiße Gesicht mit weißem Nähgarn nähen. Wenn die Figur ausgestopft ist, das letzte Stück der Naht schließen.

8 Wenn du möchtest, kannst du entlang der Unterkante des Kopfes noch eine Reihe Heftstiche aufnähen (wie beim großen Fuchs, Schritt 8). Den Faden am Rücken sauber vernähen.

Im Wald

Eusebia, die weise Eule

Hand hoch, wer Eulen mag! Ich habe für meine Filz in natürlichen Brauntönen ausgesucht. Wenn du es lieber bunt magst, kannst du sie mit anderen Farben besticken oder aus Filz in deinen Lieblingsfarben zuschneiden. Anstatt ihr Bäuchlein zu besticken, könntest du auch glitzernde Pailletten aufnähen.

Du brauchst:

Vorlagen auf Seite 113
Braunen Filz, ca. 8,5 x 11 cm
Hellbraunen Filz, ca. 8 x 9,5 cm
Filzreste in Orange, Weiß und Schwarz
Nähgarn in passenden Farben
Baumwollsticktwist in Braun und Hellbraun
Polyester-Füllwatte
Nähnadeln, Sticknadeln, Schere, Stecknadeln

1 Schneide mithilfe der Vorlagen die folgenden Teile aus: vier Flügel und eine Feder aus braunem Filz, zwei Körper aus hellbraunem Filz, zwei Füße aus orangefarbenem Filz und zwei Augen aus weißem Filz. Schneide zwei kleine Kreise für die Pupillen aus schwarzem Filz aus (Tipps zum Zuschneiden kleiner Formen siehe Seite 9).

Hinweis: Die Füße bestehen aus einer Lage Filz. Wenn sie dicker und stabiler sein sollen, schneide vier Füße zu und nähe jeweils zwei entlang der Kanten mit farblich passendem Nähgarn mit Heftstich oder überwendlichem Stich zusammen (siehe Seite 10). Wenn du das Zusammennähen der kleinen Teile schwierig findest, schneide nur zwei Füße zu. Lege sie auf einen etwas größeren Filzrest und nähe beide Lagen mit Heftstich zusammen. Danach schneidest du die Form aus der unteren Lage genau aus.

2 Nähe die Unterkante der Kopf-Feder mit überwendlichen Stichen (siehe Seite 10) und farblich passendem Nähgarn an einen Körper.

3 Nun Augen, Pupillen und Schnabel mit überwendlichen Stichen und farblich passendem Nähgarn aufnähen. Ein Stück braunen Baumwollsticktwist teilen (sechsfädigen Sticktwist in 2 x drei Fäden). In eine Sticknadel einfädeln und für die Federn unregelmäßige Reihen aus senkrechten Stichen in verschiedenen Längen auf den Bauch der Eule sticken. Die Stiche nicht zu fest ziehen, sonst wellt sich der Filz.

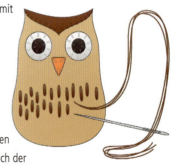

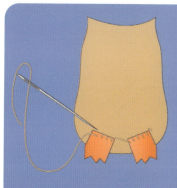

4 Die Füße mit überwendlichen Stichen und farblich passendem Nähgarn auf die Innenseite des hinteren Körperteils nähen. Dabei nicht ganz durch den Filz stechen.

5 Ein Stück hellbraunen Baumwollsticktwist teilen (sechsfädigen Sticktwist in 2 x drei Fäden). In eine Sticknadel einfädeln und im Heftstich (siehe Seite 10) auf einen linken und einen rechten Flügel einige gebogene Linien sticken. Von oben nach unten arbeiten, dann zurück von unten nach oben sticken und dabei die Lücken zwischen den Stichen der Hinreihe ausfüllen. Die beiden Flügel sollen spiegelbildlich aussehen.

6 Die beiden linken Flügel mit überwendlichen Stichen und braunem Nähgarn zusammennähen, aber die Innenkanten offen lassen. Die rechten Flügel ebenso zusammennähen.

7 Die Flügel nun mit überwendlichen Stichen und farblich passendem Nähgarn an die Innenseite des hinteren Körpers nähen, dabei nicht ganz durch den Filz stechen. Lege vor dem Nähen die Teile aufeinander, um zu prüfen, wie die Flügel sitzen werden.

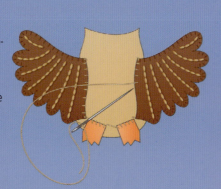

8 Nun die beiden Körperteile mit überwendlichen Stichen und braunem Nähgarn entlang der oberen Kante der Kopf-Feder zusammennähen. Die übrigen Kanten der Eule mit hellbraunem Garn nähen. Dafür am unteren Ende einer Seite beginnen und bis nach oben nähen. Dreh die Eule öfter um und prüfe, ob die Stiche entlang der Flügel (und später an den Füßen) auf beiden Seiten ordentlich aussehen. Danach die andere Seite zunähen. Unten eine Lücke offen lassen, in die dein Finger passt. Stopfe die Eule aus (Tipps zum Ausstopfen siehe Seite 11), nähe die Lücke zu und vernähe den Faden sorgfältig auf der Rückseite.

Egon, das flauschige Eichhörnchen

Das flauschige Eichhörnchen ist auf der Suche nach Nüssen. Es sieht niedlich aus, aber beim Nähen und Ausstopfen musst du sorgfältig arbeiten. Wenn du noch nicht so viel Übung hast, versuche lieber erst eine einfachere Figur.

Du brauchst:

Vorlagen auf Seite 113

Grauen Filz, 11 x 21 cm

Weißen Filz, 4,5 x 6,5 cm

Filzreste in Hellgrau, Dunkelgrau und Schwarz

Nähgarn in passenden Farben

Polyester-Füllwatte

Nähnadel, Sticknadel, Schere, Stecknadeln

1 Schneide mithilfe der Vorlagen die folgenden Teile zu: einen Kopf, einen vorderen Körper, einen hinteren Körper, zwei Schwänze, zwei Beine und ein Füße-Paar aus grauem Filz. Einen Bauch und zwei Augen aus weißem Filz, ein Gesicht aus hellgrauem Filz und eine Nase aus dunkelgrauem Filz. Schneide aus schwarzem Filz zwei kleine Kreise für die Pupillen zu (Tipps zum Zuschneiden kleiner Formen siehe Seite 9).

Hinweis: Die Füße des Eichhörnchens bestehen aus einer Lage Filz. Wenn sie dicker und stabiler sein sollen, schneide zwei Fußteile zu und nähe sie entlang der Kanten mit farblich passendem Nähgarn und Heftstich oder überwendlichem Stich zusammen (siehe Seite 10). Wenn du das Zusammennähen der kleinen Teile schwierig findest, schneide nur ein Teil zu. Lege es auf einen etwas größeren Filzrest und nähe beide Lagen mit Heftstich zusammen. Danach schneidest du die Form aus der unteren Lage genau aus.

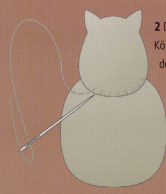

2 Den Kopf so an den vorderen Körper legen, dass später der vordere und hintere Körper genau aufeinanderpassen. Den Kopf mit überwendlichen Stichen (siehe Seite 10) und grauem Nähgarn an den Körper nähen.

3 Den Bauch mit überwendlichen Stichen und grauem Nähgarn aufnähen, dann das Gesicht mit der gleichen Stichart aufnähen.

4 Die Arme mit überwendlichen Stichen und grauem Nähgarn an den Körper nähen. Danach Nase, Augen und Pupillen mit Garn in passenden Farben auf das Gesicht nähen.

5 Der Mund wird im Rückstich (siehe Seite 10) mit schwarzem Nähgarn aufgestickt. Sticke danach auf jeder Seite drei Spannstiche für die Barthaare. Das vordere Körperteil beiseitelegen.

6 Ein Schwanzteil wie auf der Abbildung an das hintere Körperteil stecken. Körper und Schwanz umdrehen und beide Teile mit grauem Nähgarn im Heftstich (siehe Seite 10) zusammennähen – aber nicht zu nah an den Kanten der Filzteile. Alle Stecknadeln entfernen.

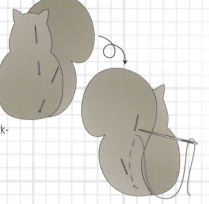

7 Die Füße mit überwendlichen Stichen und grauem Nähgarn an die Innenseite des hinteren Körpers nähen, dabei nicht bis zur Vorderseite des Filzes durchstechen.

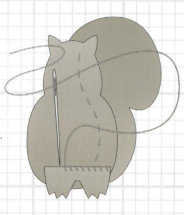

8 Mit grauem Nähgarn im Rückstich einen Schnörkel auf den Schwanz sticken. Die Stiche müssen recht kurz sein, damit sie eine schön gerundete Linie bilden.

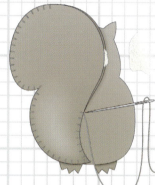

9 Die Schwanzteile aufeinanderlegen und mit überwendlichen Stichen und grauem Nähgarn zusammennähen. An der Spitze beginnen und zuerst die linke Seite nähen. Beim Nähen der rechten Seite den Schwanz allmählich ausstopfen (Tipps zum Ausstopfen siehe Seite 11). Nur den Schwanz zusammennähen. Falte Körper und Füße beiseite, wenn sie dir im Weg sind.

10 Nun beide Körperteile mit überwendlichen Stichen und grauem Nähgarn zusammennähen. Beginne dort, wo der Schwanz an der rechten Körperseite ansetzt. Bis zum Kopf nähen, aber nur durch die beiden Körperteile stechen – nicht durch den Schwanz. Beim Nähen der linken Seite Kopf und Körper allmählich ausstopfen. Entlang der Unterkante werden Körper und Schwanz zusammengenäht. Dort musst du also durch alle Filzlagen stechen. Achte darauf, dass im Bereich der Füße die Stiche auch auf der Rückseite ordentlich aussehen. Das Eichhörnchen während des Zusammennähens ausstopfen und zum Schluss die letzte Lücke in der Naht schließen.

11 Wenn du möchtest, kannst du noch mit grauem Nähgarn eine Reihe Heftstiche entlang der Kopfunterkante nähen, um seine Form zu verbessern. Dabei darfst du aber nicht durch den Schwanz stechen. (Falls du einen Fehler machst, kannst du die Stiche notfalls wieder herausziehen.) Stich durch alle Filzlagen des Körpers und durch die Wattierung, um die Lagen zusammenzuziehen. Achte darauf, dass die Stiche auch auf der Rückseite ordentlich aussehen. Zum Schluss den Faden auf der Rückseite gut vernähen.

Dagobert, der bezaubernde Dachs

Sag „Hallo" zu diesem freundlichen Dachs! Sein gestreiftes Gesicht ist unverwechselbar – du könntest die Kopfteile vergrößern und eine süße Brosche daraus machen. Ich habe meinen Dachs mit schwarzen Pailletten verziert. Wenn deiner ein helleres Fell bekommen soll, kannst du ihm mit grauem oder silbernem Baumwollsticktwist Streifen sticken.

1 Schneide mithilfe der Vorlagen die folgenden Teile aus: zwei Körper, eine Nase, einen linken und einen rechten Streifen aus schwarzem Filz. Einen Kopf und zwei Augen aus weißem Filz. Schneide für die Pupillen zwei kleine schwarze Filzkreise zu (Tipps zum Zuschneiden kleiner Formen siehe Seite 9).

2 Die beiden Streifen mit überwendlichen Stichen (siehe Seite 10) und schwarzem Nähgarn auf die Seiten des Kopfes nähen. Augen, Pupillen und Nase mit farblich passendem Nähgarn auf das Gesicht nähen und den lächelnden Mund im Rückstich (siehe Seite 10) mit schwarzem Nähgarn sticken.

Du brauchst:

Vorlagen auf Seite 113
Schwarzen Filz, ca. 11 x 13,5 cm
Weißen Filz, ca. 5 x 5 cm
Nähgarn in passenden Farben
Weißen Baumwollsticktwist
Ca. 19 schwarze Pailletten, Ø 6 mm
Polyester-Füllwatte
Nähnadel, Sticknadel, Schere, Stecknadeln

3 Ein Stück weißen Baumwollsticktwist teilen (sechsfädigen Sticktwist in 2 x drei Fäden). In eine Sticknadel einfädeln und im Rückstich gebogene Linien auf die Ohren sticken.

4 Den Kopf an ein Körperteil halten oder feststecken, dann mit überwendlichen Stichen und weißem Nähgarn festnähen. Die Stecknadeln wieder herausziehen.

5 Nun die Pailletten mit schwarzem Nähgarn auf den Rücken des Dachses nähen. Beginne oben – aber nicht zu nah an der Kante – und befestige jede Paillette mit drei Stichen.

6 Die Körperteile aufeinanderlegen und festhalten oder zusammenstecken. An der linken Seite, wo der Kopf an den Körper stößt, mit dem Zusammennähen beginnen. Um die Beine und bis zum Schwanz mit überwendlichen Stichen und schwarzem Nähgarn nähen. Die Beine ausstopfen (Tipps zum Ausstopfen siehe Seite 11).

7 Weiter zusammennähen und dabei den Dachs allmählich ausstopfen. Für die weißen Teile am Kopf weißes Nähgarn benutzen.

8 Wenn du möchtest, kannst du eine Reihe Heftstiche (siehe Seite 10) mit schwarzem Nähgarn entlang der Unterkante des Kopfes nähen, um seine Form zu verbessern. Stich durch beide Filzlagen und die Wattierung und zieh die Lagen fest zusammen. Achte darauf, dass die Stiche auch auf der Rückseite ordentlich aussehen. Den Faden sorgfältig auf der Rückseite vernähen.

Romi, das schüchterne Reh

Psst … das kleine Reh erschrickt leicht! Ich habe es aus hellbraunem Filz genäht, und für die Punkte auf dem Rücken weiße Perlen mit Perlmuttglanz aufgenäht. Du kannst auch dunkelbraunen Filz verwenden und die Punkte mit weißem Baumwollsticktwist aufsticken. Nimm für das Lächeln des Rehs dann helles Garn, damit man es gut sieht.

Du brauchst:

Vorlagen auf Seite 114

Hellbraunen Filz, ca. 9,5 x 13,5 cm

Filzreste in Weiß und Schwarz

Nähgarn in passenden Farben und in Dunkelbraun

2 schwarze Rocailles, Ø 3 mm

Ca. 7 weiße Rocailles, Ø 3 mm

Polyester-Füllwatte

Nähnadel, Sticknadel, Schere, Stecknadeln

1 Schneide mithilfe der Vorlagen die folgenden Teile aus: einen vorderen Körper, einen hinteren Körper und einen Kopf aus hellbraunem Filz, außerdem zwei Schwänze aus weißem Filz. Schneide ein kleines Oval für die Nase aus schwarzem Filz zu (Tipps zum Zuschneiden kleiner Formen siehe Seite 9).

2 Im Inneren jedes Ohrs mit dunkelbraunem Nähgarn und Rückstich (siehe Seite 10) eine Linie sticken.

3 Den Kopf mit überwendlichen Stichen (siehe Seite 10) und hellbraunem Nähgarn an das vordere Körperteil nähen. Die Ohren müssen genau aufeinanderliegen.

4 Die Schwänze mit überwendlichen Stichen und weißem Nähgarn an den vorderen und hinteren Körper nähen. Sie müssen später beim Zusammennähen des Körpers genau aufeinanderliegen.

5 Mit schwarzem Nähgarn die schwarzen Perlen mit drei oder vier Stichen als Augen auf das Gesicht nähen. Die Nase mit überwendlichen Stichen aufnähen. Die weißen Perlen werden mit drei oder vier Stichen und weißem Garn auf den Rücken des Rehs genäht.

6 Die beiden Körperteile am Schwanz mit überwendlichen Stichen und weißem Nähgarn zusammennähen. Dann links, wo der Kopf an den Körper stößt, beginnen und mit hellbraunem Garn Beine und Bauch bis zum Schwanzansatz zusammennähen. Die Beine leicht ausstopfen (Tipps zum Ausstopfen siehe Seite 11).

7 Ungefähr in der Mitte jedes Beinteils mit Heftstich (siehe Seite 10) und hellbraunem Nähgarn eine Linie sticken, dann wenden und auf dem Rückweg die Lücken zwischen den Stichen ausfüllen. Achte darauf, dass die Stiche auch auf der Rückseite ordentlich aussehen.

8 Nun Rücken und Kopf des Rehs zusammennähen und dabei den Körper allmählich ausstopfen. Folge mit deinen Stichen bei den Ohren zuerst der Kopfkontur und nähe dann auch die äußeren Kanten der Ohren zusammen. Achte darauf, dass die Stiche auch auf der Rückseite ordentlich aussehen.

9 Wenn du möchtest, kannst du mit hellbraunem Nähgarn eine Reihe Heftstiche entlang der Kopfkontur über den Hals nähen. Dadurch hebt sich der Kopf besser ab. Stich durch alle Filzlagen und die Wattierung und ziehe alle Lagen fest zusammen. Achte darauf, dass die Stiche auch auf der Rückseite ordentlich aussehen. Den Faden sorgfältig auf der Rückseite vernähen.

Isidor, der glückliche Igel

Obwohl er pikst, ist dieser Igel super süß! Ich habe seine Stacheln mit goldenem Garn gestickt, damit sie schön glänzen. Und wenn er durchs hohe Gras läuft, bleiben Blätter an den Stacheln hängen. Falls du keine Blatt-Pailletten findest, schneide kleine Blätter aus grünem Filz aus und nähe sie auf.

Du brauchst:

Vorlagen auf Seite 114

Dunkelbraunen Filz, ca. 14,5 x 8 cm

Hellbraunen Filz, ca. 8,5 x 12 cm

Filzreste in Schwarz und Weiß

Blattförmige Pailletten oder kleine Blätter, ausgeschnitten aus grünen Filzresten

Nähgarn in passenden Farben

Baumwollsticktwist in Gold-Metallic

Polyester-Füllwatte

Nähnadel, Sticknadel, Schere, Stecknadeln

1 Schneide mithilfe der Vorlagen die folgenden Teile aus: Stachelkleider aus dunkelbraunem Filz, zwei Igelkörper aus hellbraunem Filz und ein Auge aus weißem Filz. Schneide ein kleines Oval für die Pupille und einen kleinen Kreis für die Nase aus schwarzem Filz zu (Tipps zum Zuschneiden kleiner Formen siehe Seite 9).

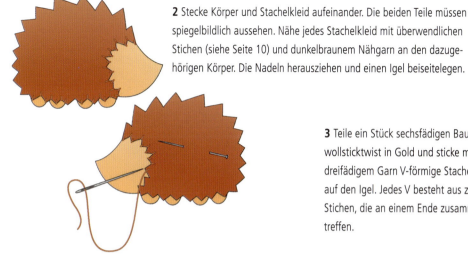

2 Stecke Körper und Stachelkleid aufeinander. Die beiden Teile müssen spiegelbildlich aussehen. Nähe jedes Stachelkleid mit überwendlichen Stichen (siehe Seite 10) und dunkelbraunem Nähgarn an den dazugehörigen Körper. Die Nadeln herausziehen und einen Igel beiseitelegen.

3 Teile ein Stück sechsfädigen Baumwollsticktwist in Gold und sticke mit dreifädigem Garn V-förmige Stacheln auf den Igel. Jedes V besteht aus zwei Stichen, die an einem Ende zusammentreffen.

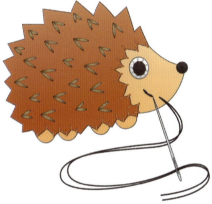

4 Auge und Pupille mit überwendlichen Stichen und passendem Nähgarn aufnähen. Die Nase mit schwarzem Garn und zwei winzigen gekreuzten Stichen aufnähen. Den Mund mit doppeltem schwarzem Nähgarn im Rückstich (siehe Seite 10) aufsticken. Wenn der Igel auf beiden Seiten gleich aussehen soll, schneide die Teile für das Gesicht noch einmal aus und nähe sie auf das andere Hauptteil.

5 Nun die Blätter auf dem Rücken des Igels befestigen. Dafür die Pailletten mit einigen Stichen und braunem Nähgarn festnähen. Filzblätter mit grünem Nähgarn festnähen – entweder an einem Ende oder mit einer Linie aus Heftstichen (siehe Seite 10) entlang der Mitte.

6 Die beiden Hauptteile aufeinanderlegen und zuerst die Kanten der hellbraunen Köpfe mit überwendlichen Stichen und hellbraunem Nähgarn zusammennähen. An der Nase beginnen. Bei einem zweiseitigen Igel die Nasen mit schwarzem Nähgarn zusammennähen. Bei einem einseitigen die Nase aus dem Weg biegen und hinter ihr nähen.

7 Die Kanten der Stachelkleider mit überwendlichen Stichen und dunkelbraunem Nähgarn zusammennähen. Unten beginnen und eine kleine Öffnung lassen, durch die dein Finger passt. Den Igel ausstopfen (Tipps zum Ausstopfen siehe Seite 11), die Öffnung zunähen und den Faden sorgfältig auf der Rückseite vernähen.

Im Wald

Extras für den Wald

Bäume, Fliegenpilze und Eicheln: Dieses Trio gibt es in jedem Wald! Du kannst für die Hüte der Pilze auch Filz in anderen leuchtenden Farben verwenden oder die Eicheln mit unterschiedlichen Mustern besticken. Du kannst auch das Unterteil der Eichel und die Stickerei gleichfarbig gestalten. Und die Fichte wird mit bunten Pailletten, Perlen oder einer Stickerei zu tollem Schmuck für den Weihnachtsbaum.

Du brauchst:

Vorlagen auf Seite 115

Grünen Filz, ca. 8,5 x 16,5 cm

Filzreste in Braun und Weiß

Roten Filz, ca. 4,5 x 6,5 cm

Hellbraunen Filz, ca. 4,5 x 5 cm

Rotbraunen Filz, ca. 5 x 8 cm

Nähgarn in passenden Farben und in Schwarz

Baumwollsticktwist in Hellgrün und Orange

Ca. 10 weiße Rocailles, Ø 3 mm

2 Schwarze Rocailles, Ø 2,6 mm

Polyester-Füllwatte

Nähnadel, Sticknadel, Schere, Stecknadeln

Die Fichte

1 Schneide mithilfe der Vorlagen die folgenden Teile aus: jedes Teil des Baums einmal aus grünem Filz und zwei Stämme aus braunem Filz.

2 Stecke die drei kleinen Baumteile so zusammen, dass sie insgesamt genau so groß sind wie das große Teil für die Rückseite. Nähe sie mit überwendlichen Stichen (siehe Seite 10) und grünem Nähgarn so zusammen, wie es auf der Abbildung zu sehen ist. Danach die Stecknadeln herausziehen.

3 Teile ein Stück hellgrünen Baumwollsticktwist und sticke mit dreifädigem Garn viele einzelne Spannstiche auf die zusammengesetzte Vorderseite. Die Stiche nicht zu fest ziehen, sonst wellt sich der Filz.

4 Die Stämme mit überwendlichen Stichen und braunem Nähgarn zusammennähen, aber die Oberkanten offen lassen. Die untere Hälfte des Stamms ausstopfen (Tipps zum Ausstopfen siehe Seite 11).

5 Den Stamm mit überwendlichen Stichen auf der Innenseite des hinteren Baumteils festnähen. Dabei nicht zur Vorderseite des Filzes durchstechen.

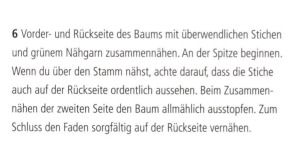

6 Vorder- und Rückseite des Baums mit überwendlichen Stichen und grünem Nähgarn zusammennähen. An der Spitze beginnen. Wenn du über den Stamm nähst, achte darauf, dass die Stiche auch auf der Rückseite ordentlich aussehen. Beim Zusammennähen der zweiten Seite den Baum allmählich ausstopfen. Zum Schluss den Faden sorgfältig auf der Rückseite vernähen.

Im Wald

Der Fliegenpilz

1 Schneide mithilfe der Vorlagen die folgenden Teile zu: zwei Hüte aus rotem Filz und zwei Stiele aus weißem Filz.

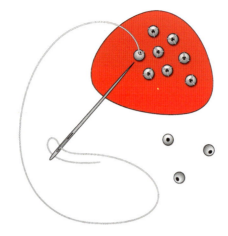

2 Nähe auf einem Pilzhut mit weißem Nähgarn in drei oder vier Stichen die weißen Perlen fest. Sie dürfen nicht zu nah an der Kante sitzen.

3 Die beiden Stiele mit überwendlichen Stichen (siehe Seite 10) und weißem Nähgarn zusammennähen, aber die Oberkante offen lassen. Die unteren zwei Drittel des Stiels ausstopfen (Tipps zum Ausstopfen siehe Seite 11).

4 Den Stiel mit rotem Nähgarn auf der Innenseite des hinteren Huts festnähen. Dabei nicht zur Vorderseite des Filzes durchstechen.

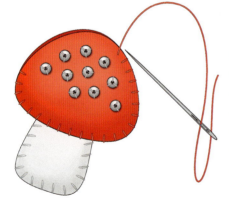

5 Jetzt die beiden Teile mit überwendlichen Stichen und farblich passendem Nähgarn zusammennähen, dabei eine Lücke zum Ausstopfen lassen. Achte darauf, dass am Übergang zwischen Hut und Stiel die Stiche auch auf der Rückseite ordentlich aussehen. Den Hut ausstopfen, dann die letzte Lücke zunähen und den Faden sorgfältig auf der Rückseite vernähen.

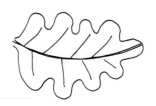

32 Im Wald

Die Eichel

1 Schneide mithilfe der Vorlagen die folgenden Teile aus: zwei Kappen aus hellbraunem Filz und zwei Eicheln aus rotbraunem Filz.

2 Auf jede Eichel mit überwendlichen Stichen (siehe Seite 10) und farblich passendem Nähgarn eine Kappe nähen. Danach hast du zwei spiegelbildliche Teile.

3 Ein Stück orangefarbenen Baumwollsticktwist teilen (sechsfädigen Sticktwist in 2 x drei Fäden). In eine Sticknadel einfädeln und im Rückstich (siehe Seite 10) ein Gittermuster auf die vordere Eichelkappe sticken: zuerst alle Linien in einer Richtung, dann alle kreuzenden Linien. Das Muster darf nicht ganz bis an den Rand es Filzes reichen.

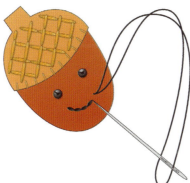

4 Nähe mit schwarzem Nähgarn die Rocailles als Augen mit drei oder vier Stichen fest. Nimm das schwarze Nähgarn doppelt, um den Mund im Rückstich zu sticken.

5 Die Eicheln aufeinanderlegen und die Kanten der Kappen mit überwendlichen Stichen und hellbraunem Garn zusammennähen.

6 Die unteren Kanten mit rotbraunem Garn zusammennähen, aber eine kleine Lücke lassen. Die Eichel ausstopfen (Tipps zum Ausstopfen siehe Seite 11), die Lücke zunähen und den Faden sorgfältig vernähen.

Im Wald

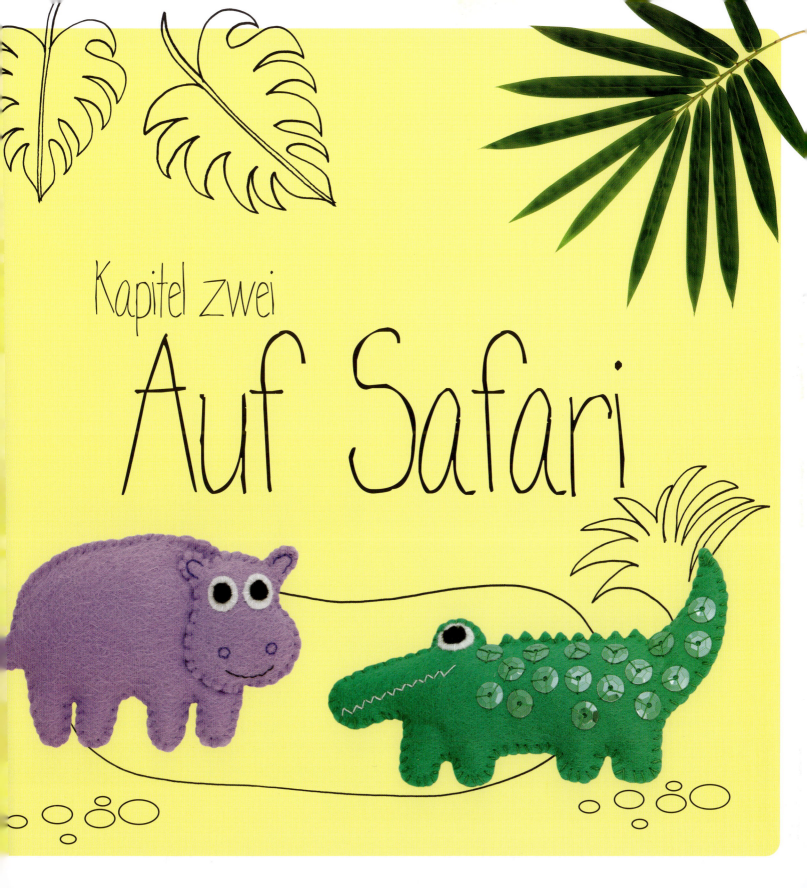

Kapitel zwei
Auf Safari

Die Elefantenfamilie

Eine Elefantenmama mit ihren Babys! Ich weiß natürlich, dass junge Elefanten nicht blau oder rosa sind, aber sehen sie nicht niedlich aus? Du könntest sogar eine ganze Elefantenherde in verschiedenen Farben nähen. Die kleinen Elefanten werden ähnlich genäht wie ihre Mama, aber es gibt einige Unterschiede — darum musst du die Anleitungen genau lesen.

Du brauchst:

Vorlagen auf Seite 116

Hellgrauen Filz, ca. 11 x 16 cm

Filzreste in Schwarz und Weiß

Hellblauen Filz, ca. 9,5 x 10 cm

Hellrosa Filz, ca. 9,5 x 10 cm

Nähgarn in passenden Farben und in Schwarz

4 schwarze Rocailles, Ø 2,6 mm

Polyester-Füllwatte

Nähnadel, Sticknadel, Schere, Stecknadeln

Der große Elefant

1 Schneide mithilfe der Vorlagen die folgenden Teile zu: einen Kopf, ein Ohren-Paar, einen vorderen Körper, einen hinteren Körper und einen Schwanz aus hellgrauem Filz sowie zwei Augen aus weißem Filz. Schneide für die Pupillen zwei kleine Kreise aus schwarzem Filz zu (Tipps zum Zuschneiden kleiner Formen siehe Seite 9).

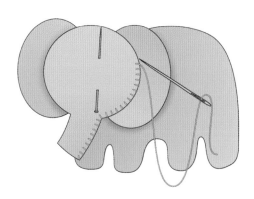

2 Kopf und Ohren wie auf der Abbildung an den vorderen Körper stecken. Der Rüssel muss genau auf dem Rüssel-Umriss des hinteren Körperteils liegen, damit die beiden Teile später beim Zusammennähen exakt zusammenpassen. Die rechte Seite von Rüssel und Kopf mit überwendlichen Stichen (siehe Seite 10) und passendem Nähgarn zusammennähen. Die Stecknadel herausziehen.

3 Augen und Pupillen mit überwendlichen Stichen und passendem Nähgarn aufnähen, dann mit schwarzem Nähgarn den Mund im Rückstich (siehe Seite 10) sticken.

4 Den Schwanz auf einen Rest hellgrauen Filz legen und von oben nach unten eine Linie im Heftstich (siehe Seite 10) mit farblich passendem Nähgarn nähen. Wenden und auf dem Rückweg die Lücken zwischen den Stichen füllen, sodass sich eine durchgehende Linie ergibt. Achte darauf, dass die Stiche auch auf der Rückseite ordentlich aussehen. Die untere Lage genau entlang der Schwanzkontur wegschneiden – jetzt ist dein Schwanz doppellagig.

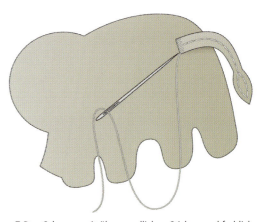

5 Den Schwanz mit überwendlichen Stichen und farblich passendem Nähgarn an der Innenseite des hinteren Körpers festnähen, aber nicht ganz durch den Filz stechen.

6 Die beiden Körperteile mit überwendlichen Stichen und passendem Nähgarn zusammennähen. Am vorderen Bein beginnen, dann um Beine und Bauch bis zum Schwanz nähen. Die drei hinteren Beine ausstopfen (Tipps zum Ausstopfen siehe Seite 11).

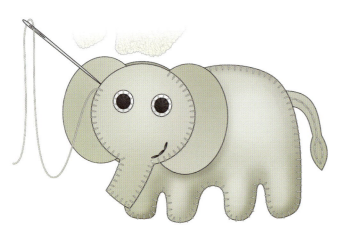

7 Die Rückenkanten bis zum Kopfansatz zusammennähen, dabei das Ohr nach vorn wegfalten und dahinter nähen. Den Elefantenkörper ausstopfen. Nun den Rüssel und anschließend den Kopf von unten nach oben zusammennähen und dabei allmählich ausstopfen.

8 Du kannst jetzt eine Linie im Heftstich entlang der rechten Kante von Kopf und Rüssel nähen, damit der Elefant eine schönere Form bekommt. Stich dabei durch alle Filzlagen und die Wattierung und zieh die Stiche schön fest. Achte darauf, dass die Stiche auch auf der Rückseite ordentlich aussehen. Zum Schluss den Faden sorgfältig auf der Rückseite vernähen.

Die Babyelefanten

1 Schneide mithilfe der Vorlagen für jeden kleinen Elefanten einen Kopf, ein Ohren-Paar, einen vorderen Körper, einen hinteren Körper und einen Schwanz aus Filz in Hellblau oder Rosa aus.

2 Weiter geht es wie in Schritt 2 des großen Elefanten. Die kleinen Teile lassen sich aber schlecht stecken. Halte sie fest oder hefte sie mit einem oder zwei langen Stichen zusammen, die du später wieder herausziehst.

3 Der kleine Elefant hat keine Filzaugen. Stattdessen werden schwarze Rocailles mit drei oder vier Stichen und schwarzem Nähgarn festgenäht.

4 Weiter geht es wie beim großen Elefanten. In Schritt 6 werden aber nicht nur die drei hinteren Beine ausgestopft, sondern alle vier. Befolge dann Schritt 7, 8 und 9 der Anleitung für den großen Elefanten.

Hallo!

Konrad, das nette Krokodil

Keine Sorge, dieses freundliche Krokodil beißt nicht. Es ist ganz einfach zu nähen und eignet sich darum besonders gut für alle, die nicht so viel Übung haben. Ich habe es mit runden Pailletten verziert. Kleine Stern-Pailletten sehen bestimmt auch toll aus.

Du brauchst:

Vorlagen auf Seite 114

Grünen Filz, ca. 10 x 13 cm

Filzreste in Schwarz und Weiß

Nähgarn in passenden Farben

Grüne Pailletten, Ø ca. 5 mm

Polyester-Füllwatte

Nähnadel, Sticknadel, Schere, Stecknadeln

1 Schneide mithilfe der Vorlagen die folgenden Teile zu: zwei Krokodile aus grünem Filz und ein Auge aus weißem Filz. Schneide außerdem einen kleinen Kreis aus schwarzem Filz für die Pupille zu (Tipps zum Zuschneiden kleiner Formen siehe Seite 9).

2 Mit überwendlichen Stichen (siehe Seite 9) und passendem Nähgarn werden nun Auge und Pupille auf einer der Krokodil-Formen festgenäht.

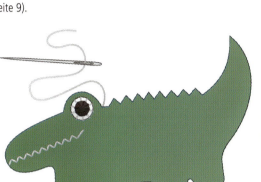

3 Sticke für die Zahnreihe mit weißem Nähgarn im Rückstich (siehe Seite 10) eine Zackenlinie, die leicht nach oben ansteigt. Der letzte Stich ist etwas länger, wie auf der Abbildung.

4 Jetzt werden grüne Pailletten auf einen Krokodilkörper genäht – aber nicht zu nahe an der Kante. Beginne am Schwanz und befestige jede Paillette mit drei Stichen und grünem Nähgarn.

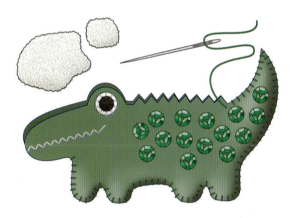

5 Lege die zwei Körperteile aufeinander. Du kannst sie auch zusammenstecken. Beginne unter der Schnauze und nähe die Kanten von Beinen und Bauch mit überwendlichen Stichen und farblich passendem Nähgarn zusammen. Ziehe die Stecknadel heraus und stopfe die Füße aus. Nähe weiter um den Schwanz und stopfe ihn dabei allmählich aus (Tipps zum Ausstopfen siehe Seite 11).

6 Nähe nun den Rücken und danach die Schnauze zusammen. Auch dabei immer wieder ein Stück des Krokodils ausstopfen. Zum Schluss den Faden sorgfältig auf der Rückseite vernähen.

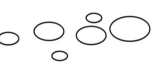

Leopold, der liebe Löwe

Grrr! Dieser Löwe ist nicht gefährlich, trotzdem übt er gern das Brüllen. Mein Löwe hat eine Mähne in orange, aber eine andere Farbe würde ihm auch gut stehen – vielleicht königliches Violett für den König der Tiere? Er ist übrigens ein tolles Geschenk für jemanden, der unter dem Sternzeichen Löwe geboren ist.

Du brauchst:

Vorlagen auf Seite 115
Orangefarbenen Filz, ca. 6,5 x 12 cm
Goldgelben Filz, ca. 11 x 12 cm
Filzreste in Weiß, Schwarz und Braun
Nähgarn in passenden Farben
Baumwollsticktwist in Hellorange
Polyester-Füllwatte
Nähnadel, Sticknadel, Schere, Stecknadeln

1 Schneide mithilfe der Vorlagen die folgenden Teile zu: zwei Körper, zwei Gesichter und einen Schwanz aus goldgelbem Filz, zwei Mähnen aus orangefarbenem Filz und zwei Augen aus weißem Filz. Schneide zwei kleine Kreise aus schwarzem Filz für die Pupillen und eine kleine Nase aus braunem Filz zu (Tipps zum Zuschneiden kleiner Formen siehe Seite 9).

2 Mähnen und Körper so zusammenstecken, dass du zwei spiegelbildliche Teile erhältst. Die Mähnen mit Nähgarn in Orange im Heftstich (siehe Seite 10) aufnähen. Die Stecknadeln herausziehen und einen Löwen beiseitelegen.

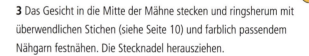

3 Das Gesicht in die Mitte der Mähne stecken und ringsherum mit überwendlichen Stichen (siehe Seite 10) und farblich passendem Nähgarn festnähen. Die Stecknadel herausziehen.

4 Augen, Pupillen und Nase mit überwendlichen Stichen und farblich passendem Nähgarn aufnähen. Braunes Nähgarn doppelt nehmen und damit im Rückstich (siehe Seite 10) den Mund sticken. Rechts und links der Nase mit einfachem Nähgarn in Braun drei Spannstiche sticken – das sind die Barthaare.

5 Ein Stück Baumwollsticktwist in hellem Orange teilen. Das dreifädige Garn in eine Sticknadel einfädeln und für die Mähne rund um das Gesicht einen Kranz aus langen und kurzen Strahlen sticken.

Frieda, das fröhliche Flusspferd

Dieses pummelige Flusspferd freut sich schon, dich kennenzulernen! Es ist ein gutes Projekt für Einsteiger, denn Nähen und Ausstopfen sind so einfach wie beim Krokodil auf Seite 40. Und weil auch Flusspferde ein bisschen eitel sind, wird der Körper mit glänzenden Pailletten verziert.

Du brauchst:

Vorlagen auf Seite 117

Lila Filz, ca. 11 x 12 cm

Filzreste in Schwarz und Weiß

Nähgarn in passenden Farben und in dunklem Lila

Polyester-Füllwatte

Nähnadel, Sticknadel, Schere, Stecknadeln

1 Schneide mithilfe der Vorlagen die folgenden Teile zu: einen Kopf, einen vorderen Körper und einen hinteren Körper aus lila Filz und zwei Augen aus weißem Filz. Schneide außerdem zwei kleine schwarze Kreise für die Pupillen aus (Tipps zum Zuschneiden kleiner Formen siehe Seite 9).

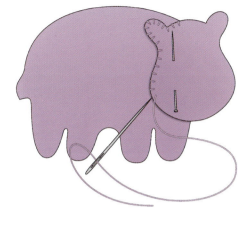

2 Den Kopf so an den vorderen Körper legen, dass vorderer und hinterer Körper genau aufeinanderpassen. Die beiden Teile festhalten oder zusammenstecken und mit lila Nähgarn entlang der Kanten mit überwendlichen Stichen (siehe Seite 10) zusammennähen. Die Stecknadel wieder herausziehen.

3 Die Augen und die Pupillen mit schwarzem und weißem Nähgarn in überwendlichen Stichen auf das Gesicht nähen. Den Mund mit schwarzem Nähgarn im Rückstich (siehe Seite 10) sticken. Mit Nähgarn in dunklem Lila mit ganz kleinen Stichen auf jedes Ohr einen Bogen sticken. Auch die Nasenlöcher mit winzigen Stichen sticken.

4 Die beiden Körperteile mit überwendlichen Stichen und passendem Nähgarn zusammennähen. An der rechten Seite beginnen, wo der Kopf an den Körper stößt. Zuerst Bauch und Beine nähen, dann die Beine ausstopfen (Tipps zum Ausstopfen siehe Seite 11).

5 Die Kanten weiter zusammennähen, bis die Lücke geschlossen ist. Dabei den Körper allmählich ausstopfen.

6 Du kannst nun mit lila Nähgarn eine Reihe Heftstiche von unten nach oben entlang der Kopfkontur auf den Körper sticken. Dadurch bekommt das Flusspferd eine schönere Form. Stich durch alle Filzlagen und die Wattierung und zieh die Stiche schön fest. Achte darauf, dass die Stiche auch auf der Rückseite ordentlich aussehen. Zum Schluss den Faden sorgfältig auf der Rückseite vernähen.

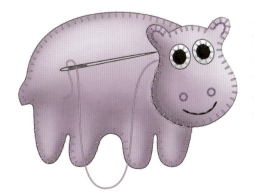

Auf Safari 45

Gwendolin, die hungrige Giraffe

Gleich wird die hungrige Giraffe wieder den Hals recken und Blätter knabbern. Die Beine sind nicht ganz einfach auszustopfen. Nimm dir dafür Zeit oder mach es dir leichter, indem du die Vorlagen etwas vergrößerst.

Du brauchst:

Vorlagen auf Seite 116

Gelben Filz, ca. 11 x 15 cm

Braunen Filz, ca. 5 x 8 cm

Nähgarn in passenden Farben und in Schwarz

Goldene Pailletten, Ø ca. 6 mm

2 schwarze Rocailles, Ø 3 mm

Polyester-Füllwatte

Nähnadel, Sticknadel, Schere, Stecknadeln

1 Schneide mithilfe der Vorlagen die folgenden Teile zu: zwei Giraffen und zwei Ohren aus gelbem Filz, eine Mähne und einen Schwanz aus braunem Filz.

2 Lege die Mähne an eine Giraffenform und stecke sie fest. Alle Zacken müssen über die gelbe Filzkante vorstehen, damit sie auch nach dem Zusammennähen gut zu sehen sind. Nähe die Mähne mit gelbem Nähgarn und gleichmäßigen Heftstichen (siehe Seite 10) am Hauptteil fest. Achte darauf, dass die Stiche auch auf der Rückseite ordentlich aussehen. Danach die Stecknadel herausziehen.

3 Den Schwanz auf einen Filzrest im gleichen Braun legen. Von oben nach unten mit farblich passendem Nähgarn entlang der Mitte eine Reihe Heftstiche nähen, dann wenden und auf dem Rückweg die Lücken zwischen den Stichen füllen. So entsteht eine durchgehende Linie. Achte darauf, dass die Stiche auch auf der Rückseite ordentlich aussehen. Die untere Filzlage exakt entlang der Schwanzkontur wegschneiden – nun ist der Schwanz doppellagig.

4 Den Schwanz auf der Innenseite des hinteren Körperteils mit überwendlichen Stichen (siehe Seite 10) und passendem Nähgarn festnähen, aber nicht ganz durch den Filz stechen.

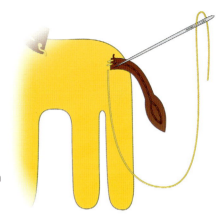

5 Nähe ein Ohr an den vorderen Giraffenkörper und eins an den hinteren, wie auf der Abbildung. Nimm dafür gelbes Garn und nähe mit überwendlichen Stichen. Lege die beiden Giraffenteile aufeinander und probiere die Positionen der Ohren aus, bevor du sie festnähst. Lege die hintere Giraffe beiseite.

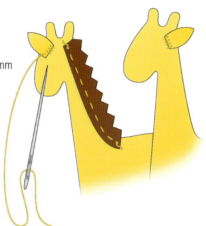

6 Nähe als Augen die beiden schwarzen Rocailles mit schwarzem Nähgarn und drei oder vier Stichen auf das Gesicht. Nimm dann das schwarze Nähgarn doppelt und sticke damit die kleinen Nasenlöcher und den lächelnden Mund.

7 Nähe die Pailletten mit gelbem Nähgarn auf den Hals. Arbeite von oben nach unten und befestige jede mit drei Stichen.

8 Die beiden Körperteile nun entlang der Kanten mit überwendlichen Stichen und gelbem Garn zusammennähen. Beginne am Schwanz und nähe zuerst um Bauch und Beine. Stopfe die Beine aus, während du sie zusammennähst (Tipps zum Ausstopfen siehe Seite 11).

9 Nähe nun weiter am Hals aufwärts und um den Kopf und die Hörner. Achte darauf, dass die Stiche auch auf der Rückseite ordentlich aussehen und falte das Ohr nach vorn, um dahinter nähen zu können. Stopfe den Körper allmählich aus, während du die andere Seite des Halses und den Rücken zusammennähst. Zum Schluss den Faden sorgfältig auf der Rückseite vernähen.

Auf Safari

Zoe, das süße Zebra

Das Zebra trägt ein hippes Streifenkleid. Der weiße Filz darf nicht zu weich sein, sonst kann er sich durch die Stickerei verziehen. Du kannst die Streifen auch in einer anderen Farbe sticken – oder bunt wie einen Regenbogen in sechs verschiedenen Farben.

Du brauchst:

Vorlagen auf Seite 117

Schwarzen Filz, ca. 5 x 9,5 cm

Weißen Filz, ca. 9,5 x 14,5 cm

Nähgarn in passenden Farben

Schwarzen Baumwollsticktwist

Polyester-Füllwatte

Nähnadel, Sticknadel, Schere, Stecknadeln

1 Schneide mithilfe der Vorlagen die folgenden Teile zu: eine Mähne, einen Schwanz und eine Schnauze aus schwarzem Filz. Zwei Zebras, zwei Ohren und ein Auge aus weißem Filz. Außerdem brauchst du einen kleinen schwarzen Filzkreis für die Pupille (Tipps zum Zuschneiden kleiner Formen siehe Seite 9).

2 Schnauze, Auge und Pupille werden nun mit überwendlichen Stichen (siehe Seite 10) und farblich passendem Nähgarn auf ein Zebra-Teil genäht.

3 Den Schwanz auf einen schwarzen Filzrest legen. Von oben nach unten mit farblich passendem Nähgarn entlang der Mitte eine Reihe Heftstiche nähen, dann wenden und auf dem Rückweg die Lücken zwischen den Stichen füllen. So entsteht eine durchgehende Linie. Achte darauf, dass die Stiche auch auf der Rückseite ordentlich aussehen. Die untere Filzlage exakt entlang der Schwanzkontur wegschneiden – nun ist der Schwanz doppellagig.

4 Den Schwanz auf der Innenseite des hinteren Körperteils mit überwendlichen Stichen (siehe Seite 10) und passendem Nähgarn festnähen, aber nicht ganz durch den Filz stechen. Die Mähne an den Hals stecken. Sie muss etwas über den Rand vorstehen, damit sie nach dem Zusammennähen gut zu sehen ist. Die Mähne mit überwendlichen Stichen und weißem Nähgarn festnähen, dann die Stecknadel entfernen.

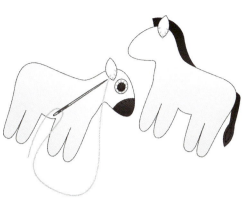  

5 Lege an jedes Zebra-Teil ein Ohr und nähe es an seinem unteren Ende mit weißem Garn und einigen überwendlichen Stichen fest.

6 Auf dem Vorderteil mit schwarzem Nähgarn im Rückstich (siehe Seite 10) auf jedes Ohr und um das Auge eine feine Linie sticken. Dann mit weißem Nähgarn für jedes Nasenloch einen Kreis aus winzigen Stichen und für den Mund einen Bogen aus drei Stichen sticken.

7 Ein Stück schwarzen Baumwollsticktwist teilen (sechsfädigen Sticktwist in 2 x drei Fäden).
In eine Sticknadel einfädeln und im Rückstich ein Muster aus unregelmäßigen Streifen auf Kopf, Hals und Rücken sticken. Beginne an der Schnauze und arbeite nach hinten. Du darfst die Stiche nicht zu fest ziehen, sonst wellt sich der Filz.

8 Die beiden Körperteile entlang der Kanten mit überwendlichen Stichen mit weißem Nähgarn zusammennähen. An der linken Seite beginnen, Beine und Bauch nähen und die Beine beim Nähen der zweiten Kante allmählich ausstopfen (Tipps zum Ausstopfen siehe Seite 11).

9 Den Rücken und den Kopf ebenso zusammennähen, dann für die Schnauze schwarzes Nähgarn verwenden. Achte vor allem im Bereich von Schwanz und Mähne darauf, dass die Stiche auch auf der Rückseite ordentlich aussehen. Wenn du hinter dem vorderen Ohr arbeitest, darfst du nicht über die schwarzen Linien nähen. Stopfe Körper und Kopf während des Zusammennähens allmählich aus. Zum Schluss den Faden sorgfältig auf der Rückseite vernähen.

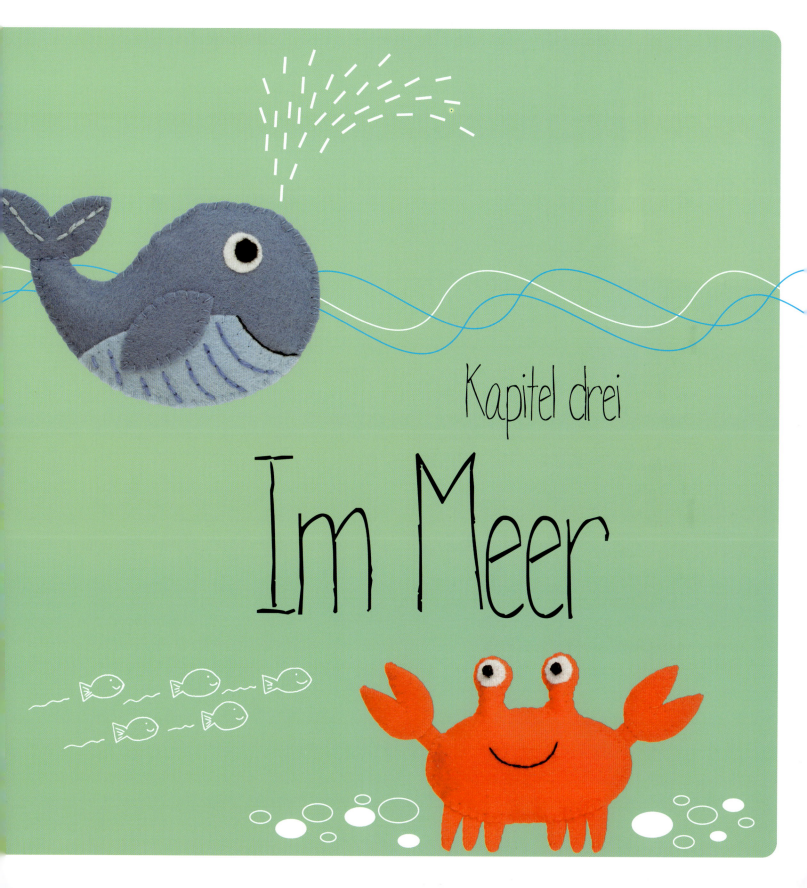

Kapitel drei

Im Meer

Die Fischfamilie

Blubb blubb, hier kommt die Fischfamilie! Meine Fische aus Filz in Türkis und Lila haben Schuppen aus silbrig glänzenden Pailletten. Wenn du möchtest, kannst du auch andere Farben aussuchen. Vielleicht hast du Lust, ein Aquarium voller exotischer Fische in kunterbunten Farben zu nähen?

Du brauchst:

Vorlagen auf Seite 118

Türkisblauen Filz, ca. 13,5 x 18 cm

Filzreste in Schwarz und Weiß

Lila Filz, ca. 10 x 12 cm

Nähgarn in passenden Farben und in Schwarz

Baumwollsticktwist in hellem Lila

Silberne Pailletten, Ø 6 mm

4 schwarze Rocailles, Ø 2,6 mm

Polyester-Füllwatte

Nähnadel, Sticknadel, Schere, Stecknadeln

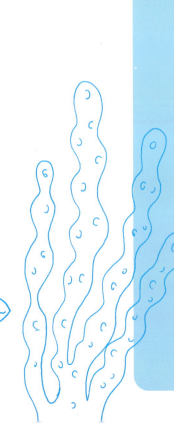

Der große Fisch

1 Schneide mithilfe der Vorlagen die folgenden Teile zu: zwei Fischkörper und je eine der Flossen aus türkisfarbenem Filz, ein Auge aus weißem Filz, drei große Schuppenstreifen und einen kleinen aus lila Filz. Außerdem brauchst du einen kleinen Kreis aus schwarzem Filz für die Pupille (Tipps zum Zuschneiden kleiner Formen siehe Seite 9).

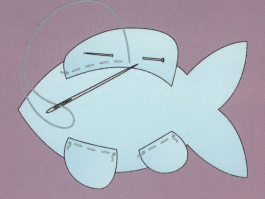

2 Stecke die drei Flossen wie auf der Abbildung an den hinteren Körper und nähe sie mit Heftstich (siehe Seite 10) und passendem Nähgarn fest. Die Stecknadeln herausziehen und dieses Teil beiseitelegen.

3 Ein Stück lila Baumwollsticktwist teilen (sechsfädigen Sticktwist in 2 x drei Fäden). In eine Sticknadel einfädeln und im Rückstich (siehe Seite 10) eine Linie um die Schwanzflossen des vorderen Körpers sticken. Die Stiche nicht zu fest ziehen, sonst wellt sich der Filz.

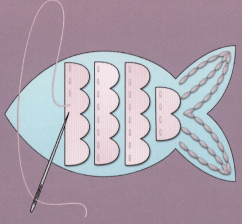

4 Nun die vier Schuppenstreifen entlang ihrer geraden Kante mit passendem Nähgarn im Heftstich aufnähen. Beginne am Schwanzende und lass zwischen den Schuppenreihen jeweils eine kleine Lücke.

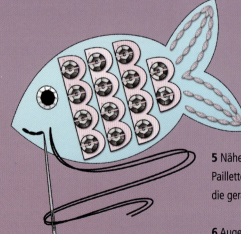

5 Nähe mit lila Nähgarn auf jedem Bogen der Schuppenstreifen eine Paillette mit zwei waagerechten Stichen fest. Die Pailletten sollen an die geraden Kanten der Schuppenstreifen stoßen.

6 Auge und Pupille mit überwendlichen Stichen (siehe Seite 10) und passendem Nähgarn aufnähen. Dann schwarzes Nähgarn doppelt nehmen und damit den Mund im Rückstich aufsticken.

Im Meer

7 Die beiden Körperteile aufeinanderlegen und zuerst die Kanten des Schwanzes mit überwendlichen Stichen und passendem Nähgarn zusammennähen. Eine senkrechte Linie wird zwischen Schwanz und Körper genäht, damit der Schwanz beim Ausstopfen des Fisches flach bleibt.

8 Die restlichen Kanten des Fisches mit überwendlichen Stichen und passendem Nähgarn zusammennähen. Achte darauf, dass die Stiche auch auf der Rückseite ordentlich aussehen. Eine kleine Lücke, in die dein Finger passt, offen lassen und den Fisch ausstopfen (Tipps zum Ausstopfen siehe Seite 11). Danach auch die Lücke mit überwendlichen Stichen zunähen und den Faden sorgfältig auf der Rückseite vernähen.

Der kleine Fisch

1 Schneide mithilfe der Vorlage für jeden kleinen Fisch zwei Körper aus Filz in Türkis oder Lila aus.

2 Nähe auf einem Teil mit farblich passendem Nähgarn drei Reihen Pailletten fest. Beginne am Schwanzende und befestige jede Paillette mit zwei waagerechten Stichen. Halte dabei etwas Abstand zu den Rändern des Fisches ein. Die Abstände zwischen den Pailletten dagegen sollen sehr eng sein.

3 Nähe als Auge mit schwarzem Nähgarn eine schwarze Perle auf und sticke den Mund mit drei oder vier kleinen Rückstichen (siehe Seite 10).

4 Die beiden Körperteile aufeinanderlegen und mit passendem Nähgarn eine Reihe Heftstiche (siehe Seite 10) um den Rand des Schwanzes nähen. Eine gerade Linie im Heftstich zwischen Schwanz und Körper nähen, dann die Kanten des Körpers mit überwendlichen Stichen zusammennähen, bis nur noch eine kleine Lücke offen ist. Den Fisch ausstopfen, die Lücke zunähen und den Faden sorgfältig auf der Rückseite vernähen.

Walter, der muntere Wal

Dieser Wal ist hat immer gute Laune! Er ist so einfach zu nähen, dass er auch Einsteigern bestimmt gut gelingt. Wer es sich noch leichter machen möchte, lässt die gestickten Linien auf Bauch und Schwanz einfach weg. Du kannst den Wal auch mit blau schimmernden Pailletten verzieren. Nähe jede Paillette mit blauem Nähgarn und drei Stichen auf dem Filz fest.

Du brauchst:

Vorlagen auf Seite 118

Blauen Filz, ca. 10 x 12 cm

Hellblauen Filz, ca. 3 x 6,5 cm

Filzreste in Schwarz und Weiß

Nähgarn in passenden Farben

Baumwollsticktwist in Blau und Hellblau

Polyester-Füllwatte

Nähnadel, Sticknadel, Schere, Stecknadeln

1 Schneide mithilfe der Vorlagen die folgenden Teile zu: zwei Wale und eine Flosse aus blauem Filz, einen Bauch aus hellblauem Filz und ein Auge aus weißem Filz. Außerdem brauchst du einen kleinen Kreis aus schwarzem Filz für die Pupille (Tipps zum Zuschneiden kleiner Formen siehe Seite 9).

2 Nähe Auge und Pupille mit überwendlichen Stichen (siehe Seite 10) und passendem Nähgarn auf einen Wal. Stecke den Bauch wie auf der Abbildung auf den Wal und nähe ihn entlang der Kante mit überwendlichen Stichen mit hellblauem Nähgarn fest. Danach die Stecknadel herausziehen.

3 Die Flosse in überwendlichen Stichen mit dunkelblauem Nähgarn an den Wal nähen. Dann schwarzes Nähgarn doppelt nehmen und damit im Rückstich (siehe Seite 10) den Mund sticken. Er verläuft entlang der rechten Kante des hellblauen Bauchs.

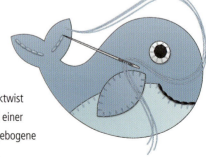

4 Ein Stück hellblauen Baumwollsticktwist teilen und mit dreifädigem Garn und einer Sticknadel im Rückstich zwei leicht gebogene Linien auf die Schwanzflosse sticken.

5 Ein Stück dunkelblauen Baumwollsticktwist ebenso teilen und im Rückstich mehrere leicht gekrümmte Linien in gleichmäßigen Abständen auf den Bauch sticken. Beginne unter dem Mund und arbeite zum Schwanzende hin.

6 Die beiden Körperteile aufeinanderlegen und die Bauchkanten mit überwendlichen Stichen mit hellblauem Nähgarn zusammennähen.

7 Weiter geht es mit dunkelblauem Nähgarn. Die Unterkante des Schwanzes vom Bauch bis zum Beginn der Schwanzflosse mit überwendlichen Stichen zusammennähen. Zwischen Schwanz und Körper eine Reihe Heftstiche (siehe Seite 10) nähen, damit später beim Ausstopfen keine Füllwatte in den Schwanz geschoben werden kann.

8 Die Oberseite des Schwanzes zusammennähen. Die restlichen Kanten zusammennähen, bis noch eine kleine Lücke offen ist. Den Wal ausstopfen (Tipps zum Ausstopfen siehe Seite 11), die Lücke zunähen und den Faden sorgfältig auf der Rückseite vernähen.

Im Meer

Sam, das goldige Seepferdchen

Dieses niedliche kleine Seepferdchen habe ich aus Filz in Gelb und Orange genäht. Du kannst natürlich auch andere Farben verwenden. Wenn du den Rücken nicht besticken möchtest, nähe doch eine Reihe bunter Mini-Perlen auf!

Du brauchst:

Vorlagen auf Seite 118

Gelben Filz, ca. 9,5 x 9,5 cm

Filzreste in Schwarz und Weiß

Orangefarbenen Filz, ca. 4,5 x 9,5 cm

Nähgarn in passenden Farben

Baumwollsticktwist in Orange

Polyester-Füllwatte

Nähnadel, Sticknadel, Schere, Stecknadeln

1 Schneide mithilfe der Vorlagen die folgenden Teile zu: zwei Seepferdchen aus gelbem Filz, ein Auge aus weißem Filz, eine Flosse und eine Zackenreihe aus orangefarbenem Filz.
Für die Pupille brauchst du einen kleinen Kreis aus schwarzem Filz (Tipps zum Zuschneiden kleiner Formen siehe Seite 9).

2 Stecke die Zackenreihe so an die Rückseite eines Seepferdchens, dass nur die Spitzen der Zacken über die Rückenkante des Seepferdchens hervorstehen. Die Zackenreihe mit überwendlichen Stichen (siehe Seite 10) mit gelbem Nähgarn festnähen, aber nicht ganz durch den Filz stechen. Die Stecknadeln herausziehen und das Teil beiseitelegen.

3 Auge und Pupille werden mit überwendlichen Stichen und farblich passendem Nähgarn auf das andere Seepferdchen-Teil genäht. Danach mit schwarzem Nähgarn im Rückstich (siehe Seite 10) den Mund aufsticken.

4 Nähe die Innenkante der Flosse mit überwendlichen Stichen und orangefarbenem Nähgarn an die Seite des Seepferdchens.

5 Ein Stück orangefarbenen Baumwollsticktwist teilen (sechsfädigen Sticktwist in 2 x drei Fäden). In eine Sticknadel einfädeln und an Rücken und Schwanz dieses Seepferdchens eine Reihe einzelner Spannstiche sticken. Achte darauf, die Stiche nicht zu fest zu ziehen, sonst wellt sich der Filz.

6 Nun werden die beiden Seepferdchen-Teile mit überwendlichen Stichen und gelbem Nähgarn zusammengenäht. Beginne am Kopf und nähe zuerst die linke Seite, dann um die Nase und den Bauch und die erste Kurve des Schwanzes.

7 Beim Zusammennähen der zweiten Seite des Schwanzes wird dieser ausgestopft (Tipps zum Ausstopfen siehe Seite 11). Stopfe auch die Nase aus. Beim Zusammennähen des Rückens wird der Körper allmählich ausgestopft. Achte im Bereich der Zackenkante darauf, dass die Stiche auch auf der Rückseite ordentlich aussehen. Zum Schluss den Faden sorgfältig auf der Rückseite vernähen.

Klara, die kichernde Krabbe

Diese Krabbe ist bester Laune und wird dich bestimmt nicht in den Finger zwicken. Wenn du das niedliche Tier verschenken möchtest, könntest du den Körper noch mit glitzernden roten Pailletten verzieren. Nähe sie auf, nachdem du mit Schritt 2 der Anleitung fertig bist.

Du brauchst:

Vorlagen auf Seite 119

Roten Filz, ca. 12 x 14,5 cm

Nähgarn in Schwarz, Rot und Weiß

2 schwarze Rocailles, Ø 3 mm

Polyester-Füllwatte

Nähnadel, Sticknadel, Schere, Stecknadeln

1 Schneide mithilfe der Vorlagen die folgenden Teile zu: zwei Körper, vier Beine, vier Arme und zwei Scheren aus rotem Filz. Aus weißem Filz schneidest du zwei Augen aus.

2 Nähe die Augen mit überwendlichen Stichen (siehe Seite 10) und weißem Nähgarn auf die „Augenstiele" und befestige auf jedem mit drei oder vier Stichen und schwarzem Nähgarn eine Perle. Nimm das schwarze Nähgarn doppelt und sticke den Mund im Rückstich (siehe Seite 10).

3 Drehe zwei Beine, zwei Arme und eine Schere um – sie sind für die rechte Seite der Krabbe. Die übrigen werden für die linke Seite gebraucht. Nähe die Bein-Paare in überwendlichen Stichen mit rotem Nähgarn zusammen, aber lass die Oberkanten offen. Die Scheren mit einigen überwendlichen Stichen an die dazugehörigen Arme nähen, dann die Arme paarweise zusammennähen. Die Naht beginnt und endet am unteren Ende jedes Arms.

60 Im Meer

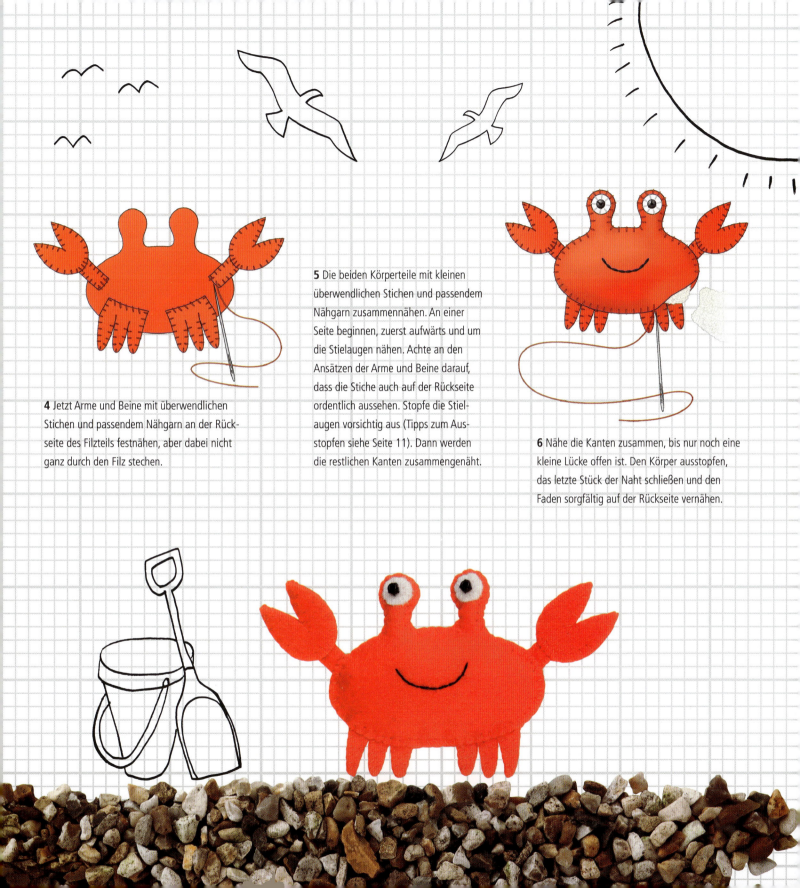

4 Jetzt Arme und Beine mit überwendlichen Stichen und passendem Nähgarn an der Rückseite des Filzteils festnähen, aber dabei nicht ganz durch den Filz stechen.

5 Die beiden Körperteile mit kleinen überwendlichen Stichen und passendem Nähgarn zusammennähen. An einer Seite beginnen, zuerst aufwärts und um die Stielaugen nähen. Achte an den Ansätzen der Arme und Beine darauf, dass die Stiche auch auf der Rückseite ordentlich aussehen. Stopfe die Stielaugen vorsichtig aus (Tipps zum Ausstopfen siehe Seite 11). Dann werden die restlichen Kanten zusammengenäht.

6 Nähe die Kanten zusammen, bis nur noch eine kleine Lücke offen ist. Den Körper ausstopfen, das letzte Stück der Naht schließen und den Faden sorgfältig auf der Rückseite vernähen.

Daisy, der kluge Delfin

Schau mal, wer da über die Wellen springt! Der Delfin ist recht einfach zu nähen, aber beim Ausstopfen musst du dir Mühe geben, weil er viele Flossen hat, die in verschiedene Richtungen zeigen. Wenn du magst, kannst du ihn noch mit glitzernden Silberpailletten verzieren, oder nähe ihn aus Filz in zwei verschiedenen Blautönen.

Du brauchst:

Vorlagen auf Seite 119

Grauen Filz, ca. 11 x 12 cm

Hellgrauen Filz, ca. 3 x 9,5 cm

Filzreste in Schwarz und Weiß

Nähgarn in Grau, Schwarz und Weiß

Polyester-Füllwatte

Nähnadel, Sticknadel, Schere, Stecknadeln

1 Schneide mithilfe der Vorlagen die folgenden Teile aus: einen vorderen Körper, einen hinteren Körper und eine Flosse aus grauem Filz, einen Bauch aus hellgrauem Filz und ein Auge aus weißem Filz. Für die Pupille brauchst du einen kleinen Kreis aus schwarzem Filz (Tipps zum Zuschneiden kleiner Formen siehe Seite 9).

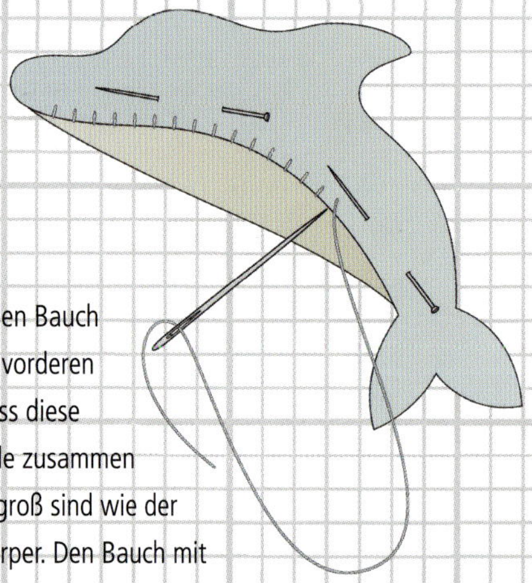

2 Stecke den Bauch so an den vorderen Körper, dass diese beiden Teile zusammen genau so groß sind wie der hintere Körper. Den Bauch mit überwendlichen Stichen (siehe Seite 10) und grauem Nähgarn festnähen, danach die Stecknadeln herausziehen.

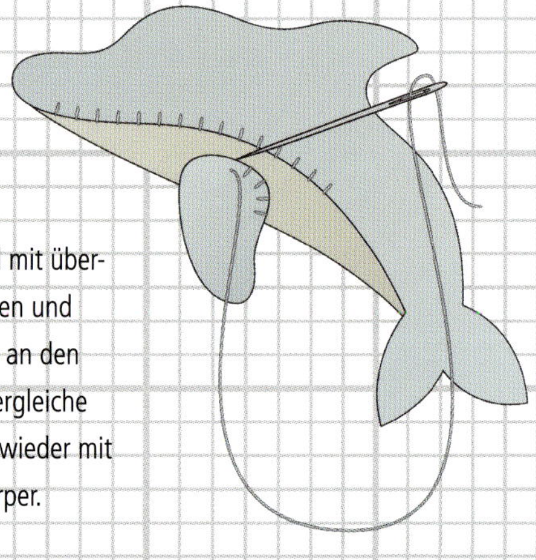

3 Die Flosse wird mit überwendlichen Stichen und grauem Nähgarn an den Bauch genäht. Vergleiche Größe und Form wieder mit dem hinteren Körper.

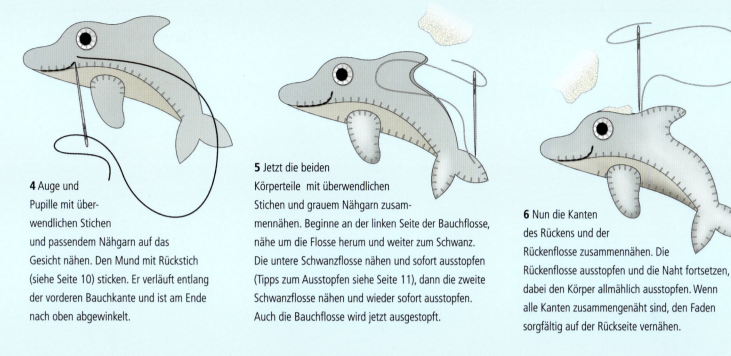

4 Auge und Pupille mit überwendlichen Stichen und passendem Nähgarn auf das Gesicht nähen. Den Mund mit Rückstich (siehe Seite 10) sticken. Er verläuft entlang der vorderen Bauchkante und ist am Ende nach oben abgewinkelt.

5 Jetzt die beiden Körperteile mit überwendlichen Stichen und grauem Nähgarn zusammennähen. Beginne an der linken Seite der Bauchflosse, nähe um die Flosse herum und weiter zum Schwanz. Die untere Schwanzflosse nähen und sofort ausstopfen (Tipps zum Ausstopfen siehe Seite 11), dann die zweite Schwanzflosse nähen und wieder sofort ausstopfen. Auch die Bauchflosse wird jetzt ausgestopft.

6 Nun die Kanten des Rückens und der Rückenflosse zusammennähen. Die Rückenflosse ausstopfen und die Naht fortsetzen, dabei den Körper allmählich ausstopfen. Wenn alle Kanten zusammengenäht sind, den Faden sorgfältig auf der Rückseite vernähen.

Quintinius, die glitzernde Qualle

Diese kleine Qualle ist ganz freundlich und hat bestimmt keine fiesen Nesselfäden — versprochen! Meine Qualle hat Tentakel aus Filz, du könntest stattdessen aber auch hübsche Bänder oder Borten verwenden. Wenn du die Vorlage vergrößerst, zeichne alle Formen aus Schritt 4 auf ein Stück Papier und vergrößere sie mit derselben Einstellung wie die Hauptteile.

Du brauchst:

Vorlagen auf Seite 119

Rosa Filz, ca. 11 x 14 cm

Filzreste in Schwarz und Weiß

Nähgarn in passenden Farben

Rosa Pailletten, Ø ca. 6 mm

Polyester-Füllwatte

Nähnadel, Sticknadel, Schere, Stecknadeln

1 Schneide mithilfe der Vorlagen die folgenden Teile zu: zwei Quallen aus rosa Filz und zwei Augen aus weißem Filz. Du brauchst außerdem sechs Streifen von 0,5 cm Breite und 7,5 cm Länge für die Tentakel und ein Rechteck von etwa 5 cm Breite und 7,5 cm Länge aus rosa Filz. Schneide für die Pupillen zwei kleine Kreise aus schwarzem Filz (Tipps zum Zuschneiden kleiner Formen siehe Seite 9).

2 Nähe auf einer Qualle Augen und Pupillen mit überwendlichen Stichen (siehe Seite 10) und farblich passendem Nähgarn fest. Dann den Mund mit schwarzem Nähgarn im Rückstich (siehe Seite 10) sticken.

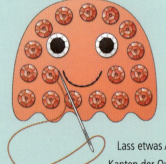

3 Jetzt werden rosa Pailletten mit Nähgarn in Rosa aufgenäht. Lass etwas Abstand zu den Kanten der Qualle und befestige jede Paillette mit drei Stichen.

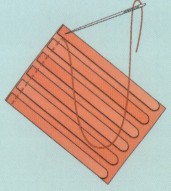

4 Runde an jedem Tentakel ein Ende ab. Danach sind die Tentakel ungefähr 6,5 cm lang. Lege sie alle nebeneinander auf das Rechteck aus rosa Filz (siehe Abbildung) und nähe sie mit einer Reihe aus Heftstichen (siehe Seite 10) entlang der Oberkante fest.

5 Jetzt in Längsrichtung in der Mitte jedes Tentakels eine Reihe Heftstiche nähen, am Ende wenden und auf dem Rückweg die Lücken zwischen den Stichen ausfüllen. Dabei soll eine gerade Linie aus Stichen entstehen. Achte darauf, dass die Stiche auch auf der Rückseite ordentlich aussehen.

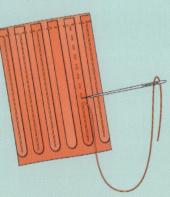

6 Nun die Tentakel ausschneiden, aber am oberen Ende einen etwa 1,5 cm breiten Streifen Filz stehen lassen. An diesem Streifen hängen also jetzt sechs Tentakel aus zwei Lagen Filz.

Hinweis: Wenn du für die Tentakel Bänder benutzen möchtest, lass Schritt 4, 5 und 6 der Anleitung aus. Schneide stattdessen mehrere Stücke aus schmalem Band zu. Wenn du die Enden schräg abschneidest, fransen sie nicht so leicht aus. Nähe die Bänder auf einen Filzstreifen von etwa 5 cm Länge und 1,5 cm Breite.

7 Die Oberkante des Streifens, an dem die Tentakel hängen, mit überwendlichen Stichen und passendem Nähgarn an der Rückseite der Qualle festnähen, aber nicht ganz durch den Filz stechen.

8 Jetzt die beiden Körperteile mit überwendlichen Stichen und farblich passendem Nähgarn zusammennähen. Beginne an einer Seite der oberen Rundung und lass eine kleine Öffnung, in die dein Finger passt. Achte an der Unterkante besonders darauf, dass die Stiche auch auf der Rückseite ordentlich aussehen. Den Körper ausstopfen (Tipps zum Ausstopfen siehe Seite 11), die Lücke in der Naht schließen und den Faden sorgfältig auf der Rückseite vernähen.

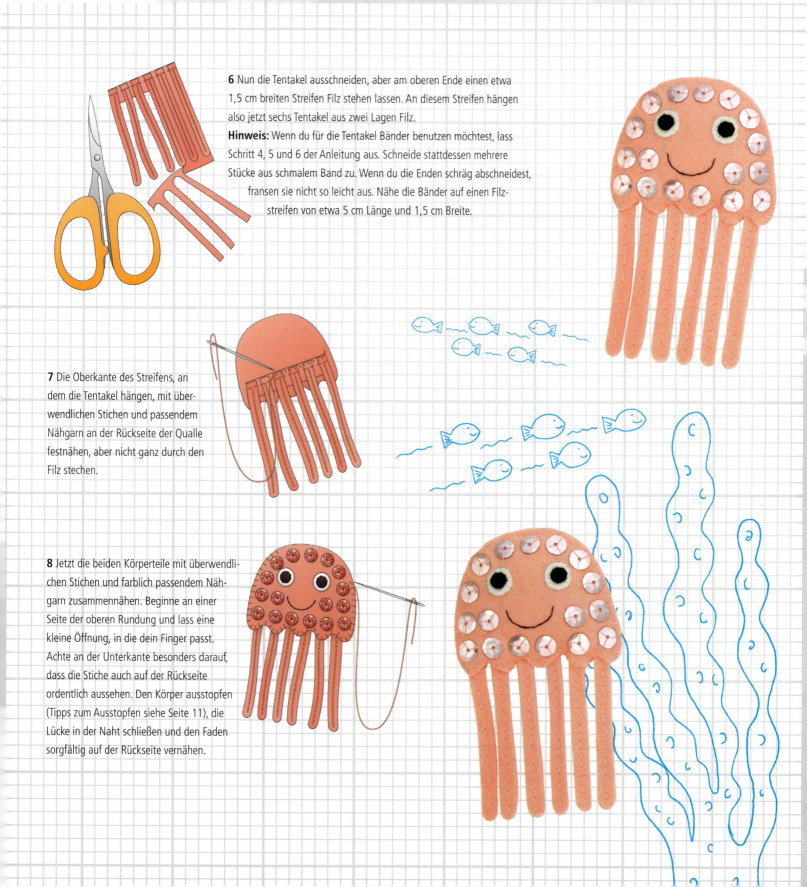

Die Hühnerfamilie

Auf diesem Hof lebt eine Henne mit ihren zwei kleinen Küken. Ich habe die Henne aus schwarzem und weißem Filz genäht, aber du kannst auch zwei Brauntöne verwenden und die Federn in einer Kontrastfarbe aufsticken. Vielleicht möchtest du den Flügel mit einer Stickerei verzieren? Zum Nähen der beiden Küken habe ich leuchtend gelbes Garn benutzt. Nimm für das helle Küken Garn in einem helleren Gelb, wenn du möchtest.

Du brauchst:

Vorlagen auf Seite 120

Weißen Filz, ca. 10 x 13,5 cm

Orangefarbenen Filz, ca. 6,5 x 8 cm

Roten Filz, ca. 4,5 x 4,5 cm

Filzrest in Schwarz

Gelben Filz, ca. 8 x 8,5 cm

Hellgelben Filz, ca. 8 x 8,5 cm

Nähgarn in passenden Farben

Baumwollsticktwist in Schwarz

2 schwarze Rocailles, Ø 2,6 mm

Polyester-Füllwatte

Nähnadel, Sticknadel, Schere, Stecknadeln

Die Henne

1 Schneide mithilfe der Vorlagen die folgenden Teile zu: zwei Körper, einen Flügel und ein Auge aus weißem Filz, einen Schnabel und ein Beinpaar aus orangefarbenem Filz, einen Kamm und ein Gesicht aus rotem Filz. Außerdem brauchst du einen kleinen Kreis aus schwarzem Filz für die Pupille (Tipps zum Ausschneiden kleiner Formen siehe Seite 9).

2 Nähe den Flügel mit Heftstich (siehe Seite 10) und weißem Nähgarn auf den Körper.

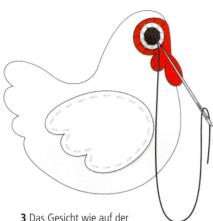

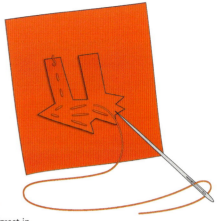

3 Das Gesicht wie auf der Abbildung mit überwendlichen Stichen (siehe Seite 10) am Kopf der Henne festnähen. Der untere Teil des Gesichts bleibt lose, das ist der Kehllappen. Auge und Pupille mit überwendlichen Stichen und Garn in passenden Farben festnähen.

4 Ein Stück schwarzen Baumwollsticktwist teilen und mit dreifädigem Garn mit einer Sticknadel im Rückstich (siehe Seite 10) Linien für die Schwanzfedern aufsticken. Das Gefieder auf Kopf und Brust besteht aus vielen kleinen Spannstichen.

5 Die Beine auf einen Filzrest in Orange legen. Von oben nach unten eine Reihe Heftstiche entlang der Mitte nähen, dann mit den Stichen dem Umriss der Füße folgen. Achte darauf, dass die Stiche auch auf der Rückseite ordentlich aussehen. Den unteren Filz entlang der Kontur der Füße ausschneiden – nun hast du doppellagige Füße.

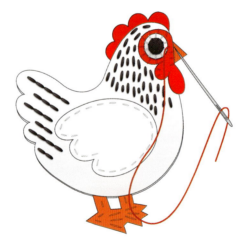

6 Beine, Kamm und Schnabel mit überwendlichen Stichen mit passendem Nähgarn an der Innenseite des Körpers festnähen, aber dabei nicht ganz durch den weißen Filz stechen.

7 Die beiden Körperteile aufeinanderlegen und zuerst die Kanten des Gesichts mit überwendlichen Stichen und rotem Nähgarn zusammennähen. Der Kehllappen bleibt lose. Achte darauf, dass die Stiche auch auf der Rückseite ordentlich aussehen.

8 Nun über dem Gesicht beginnen und die übrigen Kanten mit überwendlichen Stichen und weißem Nähgarn zusammennähen. Währenddessen allmählich den Körper ausstopfen (Tipps zum Ausstopfen siehe Seite 11). Achte im Bereich der Beine darauf, dass die Stiche auch auf der Rückseite der Henne ordentlich aussehen. Wenn du am Gesicht ankommst, hebe den Kehllappen an und nähe hinter ihm. Zum Schluss den Faden sorgfältig vernähen.

Die Küken

1 Schneide für jedes Küken mithilfe der Vorlagen die folgenden Teile aus: zwei Körper und einen Flügel aus gelbem oder hellgelbem Filz, einen Schnabel und ein Füße-Paar aus orangefarbenem Filz.

Hinweis: Die Küken haben Füße aus einlagigem Filz. Wenn du möchtest, kannst du aber ein zweites Füße-Paar zuschneiden und die beiden mit Heftstich oder überwendlichen Stichen (siehe Seite 10) aufeinandernähen. Nimm dafür Nähgarn in passendem Orange. Wenn du das Zusammennähen so kleiner Teile schwierig findest, kannst du auch so vorgehen wie bei den Beinen der Henne (gegenüber).

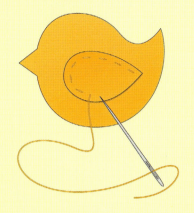

2 Mit Heftstich (siehe Seite 10) einen Flügel auf einen Körper nähen. Nimm dafür gelbes Nähgarn.

3 Als Auge mit schwarzem Nähgarn und drei oder vier Stichen eine kleine schwarze Perle aufnähen. Den Schnabel mit überwendlichen Stichen (siehe Seite 10) und orangefarbenem Garn festnähen.

4 Die Füße auf der Rückseite des Körpers mit überwendlichen Stichen festnähen. Dabei nicht ganz durch den Filz stechen. Die Stiche sollen auf der Vorderseite des Kükens nicht zu sehen sein.

5 Die beiden Körperteile aufeinanderlegen und die Schnabelkanten mit überwendlichen Stichen und orangefarbenem Nähgarn zusammennähen.

6 Beginne unter dem Schnabel und nähe die restlichen Kanten mit gelbem Garn zusammen, bis nur noch eine kleine Lücke offen ist. Stopfe den Körper aus (Tipps zum Ausstopfen siehe Seite 11). Dann die Öffnung zunähen und den Faden sorgfältig auf der Rückseite vernähen.

Ferdinand, das freche Ferkel

Oink! Oink! Das niedliche Schweinchen eignet sich gut für Einsteiger, weil es ganz einfach zu nähen ist. Du kannst es dir sogar noch leichter machen, wenn du Schritt 5, 6 und 7 auslässt und stattdessen den kleinen Ringelschwanz direkt aufs Hinterteil des Schweins stickst.

Du brauchst:

Vorlagen auf Seite 120
Filz in Hellrosa, ca. 12 x 13,5 cm
Nähgarn in Schwarz und Rosa
Baumwollsticktwist in Hellrosa
2 schwarze Rocailles, Ø 3 mm
Polyester-Füllwatte
Nähnadel, Sticknadel, Schere, Stecknadeln

1 Schneide mithilfe der Vorlagen aus dem hellrosa Filz einen vorderen Körper, einen hinteren Körper, einen Kopf und eine Nase zu.

2 Den Kopf so an den vorderen Körper legen, dass vorderer und hinterer Körper genau aufeinander passen. Die beiden Teile festhalten und mit rosa Nähgarn entlang der Kanten mit überwendlichen Stichen (siehe Seite 10) zusammennähen.

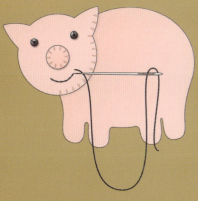 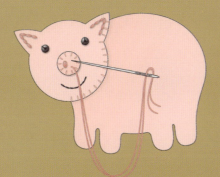 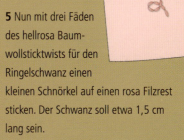

3 Die Nase mit überwendlichen Stichen und hellrosa Nähgarn auf das Gesicht nähen. Als Augen die schwarzen Perlen mit schwarzem Garn und drei oder vier Stichen befestigen. Der Mund wird im Rückstich (siehe Seite 10) mit schwarzem Nähgarn gestickt.

4 Von einem Stück Baumwollsticktwist zwei Fäden abteilen und damit im Rückstich leicht gebogene, auf dem Kopf stehende V-Formen auf die Ohren sticken. Für die Nasenlöcher werden drei kleine Stiche übereinandergestickt.

5 Nun mit drei Fäden des hellrosa Baumwollsticktwists für den Ringelschwanz einen kleinen Schnörkel auf einen rosa Filzrest sticken. Der Schwanz soll etwa 1,5 cm lang sein.

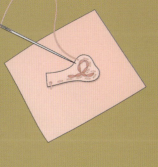

6 Schneide den gestickten Schwanz aus und lass dabei auf der linken Seite den Filz etwas länger. Lege das ausgeschnittene Stück auf einen weiteren rosa Filzrest und nähe die Lagen mit rosa Nähgarn im Heftstich zusammen. Achte darauf, dass die Stiche auch auf der Rückseite ordentlich aussehen. Schneide den unteren Filz genau entlang der Kontur des oberen Teils aus – nun hast du einen zweilagigen Schwanz.

7 Den Schwanz auf der Innenseite ans Hinterteil des hinteren Körpers nähen. Dabei nicht ganz durch den Filz stechen. Die Stiche sollen auf der Außenseite nicht zu sehen sein.

8 Die beiden Körperteile mit überwendlichen Stichen und passendem Nähgarn zusammennähen. An der linken Seite beginnen, wo der Kopf an den Körper stößt. Zuerst Bauch und Beine nähen, dann die Beine ausstopfen (Tipps zum Ausstopfen siehe Seite 11).
Die Kanten weiter zusammennähen, bis die Lücke geschlossen ist. Dabei den Körper allmählich ausstopfen.

9 Du kannst nun mit rosa Nähgarn eine Reihe Heftstiche von unten nach oben entlang der Kopfkontur auf den Körper sticken. Dadurch bekommt das Schweinchen eine schönere Form. Stich durch alle Filzlagen und die Wattierung und zieh die Stiche schön fest. Achte darauf, dass die Stiche auch auf der Rückseite ordentlich aussehen. Zum Schluss den Faden sorgfältig auf der Rückseite vernähen.

Selma, das schüchterne Schaf

Määäh! Dieses Schaf ist wunderbar flauschig! Du kannst die Beine auch aus cremeweißem Filz zuschneiden oder für Fell und Stirnlocke grauen Filz verwenden, wenn dir eine andere Rasse besser gefällt. Weiße oder silberne Pailletten bringen das Fell zum Glitzern.

Du brauchst:

Vorlagen auf Seite 121

Schwarzen Filz, ca. 8,5 x 9,5 cm

Weißen Filz, ca. 8 x 12 cm

Nähgarn in passenden Farben

2 schwarze Rocailles, Ø 3 mm

Polyester-Füllwatte

Nähnadel, Sticknadel, Schere, Stecknadeln

1 Schneide mithilfe der Vorlagen die folgenden Teile zu: zwei Beine, einen vorderen und einen hinteren Kopf aus schwarzem Filz, zwei Felle, zwei Augen und eine Stirnlocke aus weißem Filz.

2 Nähe den vorderen Kopf mit überwendlichen Stichen (siehe Seite 10) und schwarzem Nähgarn an ein Fellteil. Das Ohr darfst du dabei nicht festnähen.

3 Stecke den hinteren Kopf an das zweite Fell. Er muss gerade so weit vorstehen, dass das hintere Fell genau so groß ist wie das vordere. Nähe ihn mit überwendlichen Stichen und weißem Nähgarn fest. Danach die Stecknadel herausziehen.

4 Die Augen mit überwendlichen Stichen und weißem Nähgarn an den vorderen Kopf nähen. Die Stirnlocke wird mit einer geraden Linie im Heftstich (siehe Seite 10) befestigt – aber nicht zu nahe an der Kante des Kopfes. Fädele dann schwarzes Nähgarn ein. Nähe für die Augen die Perlen mit drei oder vier Stichen fest und sticke den Mund im Rückstich (siehe Seite 10).

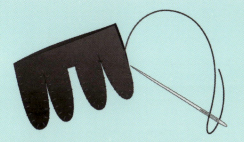

5 Die Beine mit überwendlichen Stichen und schwarzem Nähgarn zusammennähen, aber die Oberkante offen lassen. Stopfe in die unteren Enden der Beine etwas Füllwatte – nur bis zur Höhe des Querstreifens, der sie alle verbindet (Tipps zum Ausstopfen siehe Seite 10).

6 Die Beine auf der Innenseite des hinteren Körpers mit überwendlichen Stichen und weißem Garn festnähen, aber dabei nicht ganz durch den weißen Filz stechen. Die Stiche dürfen auf der Außenseite nicht zu sehen sein.

7 Nun die beiden Kopfteile mit überwendlichen Stichen und schwarzem Nähgarn zusammennähen. Das Ohr bleibt wieder lose, und die Stirnlocke wird nach vorn geklappt, damit du dahinter nähen kannst.

8 Nun zuerst die unteren Kanten des Fells mit überwendlichen Stichen und weißem Nähgarn zusammennähen. Achte darauf, dass die Stiche im Bereich der Beine auch auf der Rückseite schön ordentlich aussehen. Den unteren Teil des Schafs ausstopfen, dann die restlichen Kanten zusammennähen und dabei den Körper allmählich weiter ausstopfen.

9 Du kannst nun mit weißem Nähgarn eine Reihe Heftstiche von unten nach oben entlang der Kopfkontur auf den Körper sticken. Dadurch bekommt das Schaf eine schönere Form. Stich durch alle Filzlagen und die Wattierung und zieh die Stiche schön fest. Achte darauf, dass die Stiche auch auf der Rückseite ordentlich aussehen. Zum Schluss den Faden sorgfältig auf der Rückseite vernähen.

Harry, der kluge Hütehund

Der schlaue Hütehund passt gut auf, dass keines der Schafe ausbüxet. Wenn du mehrere Hunde nähst, schneide für jeden die weißen Fellflecken unterschiedlich zu, damit man sie nicht verwechselt.

Du brauchst:

Vorlagen auf Seite 122

Weißen Filz, ca. 5 x 6,5 cm

Schwarzen Filz, ca. 9,5 x 16,5 cm

Nähgarn in passenden Farben

2 schwarze Rocailles, Ø 3 mm

Polyester-Füllwatte

Nähnadel, Sticknadel, Schere, Stecknadeln

1 Schneide mithilfe der Vorlagen die folgenden Formen aus: einen Kopf und eine Brust aus weißem Filz, einen vorderen Körper, einen hinteren Körper, einen rechten und einen linken Gesichtsflecken, zwei Ohren und zwei Schwänze aus schwarzem Filz. Für die Augen brauchst du zwei kleine Kreise aus weißem Filz, und für die Nase ein kleines, abgerundetes Dreieck aus schwarzem Filz (Tipps zum Zuschneiden kleiner Formen siehe Seite 9).

2 Stecke Brust und Kopf an den vorderen Körper, wie auf der Abbildung. Insgesamt müssen die Teile genau so groß sein wie der hintere Körper. Nähe Brust und Kopf mit überwendlichen Stichen (siehe Seite 10) und weißem Nähgarn an den Körper. Danach die Stecknadeln wieder herausziehen.

3 Die beiden Flecken im Gesicht werden mit überwendlichen Stichen und schwarzem Nähgarn aufgenäht.

4 Nähe die Ohren mit überwendlichen Stichen und schwarzem Nähgarn so an, dass sie schön vom Kopf abstehen. Sticke dann im Rückstich eine Linie genau entlang der unteren Kopfkontur, damit sich das Gesicht deutlich von dem weißen Brustfleck abhebt.

5 Nähe Augen und Nase mit überwendlichen Stichen und Nähgarn in passenden Farben auf das Gesicht. Als Pupillen werden die Perlen mit drei oder vier Stichen mit schwarzem Nähgarn auf den Augen festgenäht. Den Mund im Rückstich (siehe Seite 10) aufsticken.

6 Die beiden Schwanzteile aufeinanderlegen und entlang der Kanten mit überwendlichen Stichen und schwarzem Nähgarn zusammennähen.

7 Den Schwanz auf der Innenseite mit überwendlichen Stichen und schwarzem Nähgarn an den hinteren Körper nähen, aber dabei nicht bis zur Vorderseite des Filzes durchstechen.

8 Die beiden Körperteile mit überwendlichen Stichen und schwarzem Nähgarn zusammennähen. Beginne links, wo der Schwanz am Körper ansetzt, und nähe zuerst um Beine und Bauch. Die Beine ausstopfen (Tipps zum Ausstopfen siehe Seite 11).

9 Nimm zum Zusammennähen der Kanten von Brust und Gesicht weißes Garn. Dann geht es um den Kopf herum mit schwarzem Garn weiter. Falte die Ohren nach vorn und nähe hinter ihnen. Den Kopf ausstopfen.

10 Nun den Rücken vom Schwanz zum Kopf mit schwarzem Garn zusammennähen und dabei allmählich ausstopfen.

11 Du kannst jetzt mit schwarzem Nähgarn eine Reihe Heftstiche (siehe Seite 10) von unten nach oben entlang der Kopfkontur auf den Körper sticken. Dadurch bekommt der Hund eine schönere Form. Stich durch alle Filzlagen und die Wattierung und zieh die Stiche schön fest. Achte darauf, dass die Stiche auch auf der Rückseite ordentlich aussehen. Zum Schluss den Faden sorgfältig auf der Rückseite vernähen.

Luise, die lachende Kuh

Diese nette Kuh begrüßt dich mit einem freundlichen Muuuh! Ich habe sie aus schwarzem und weißem Filz genäht, aber du könntest auch Brauntöne verwenden. Oder hättest du lieber eine Fantasie-Kuh mit kunterbunten Flecken oder einem Fell aus Filz mit aufgedruckten Punkten?

Du brauchst:

Vorlagen auf Seite 121

Weißen Filz, ca. 13,5 x 16 cm

Schwarzen Filz, ca. 6,5 x 8,5 cm

Hellrosa Filz, ca. 5 x 6,5 cm

Nähgarn in passenden Farben

Schwarze Pailletten, Ø 6 mm

Polyester-Füllwatte

Nähnadel, Sticknadel, Schere, Stecknadeln

1 Schneide mithilfe der Vorlagen die folgenden Formen aus: einen vorderen Körper, einen hinteren Körper, einen Kopf, zwei Augen und einen Schwanz aus weißem Filz, je einen der drei Flecken (A, B und C), einen rechten und einen linken Fleck für das Gesicht aus schwarzem Filz, zwei Euter und eine Schnauze aus hellrosa Filz. Außerdem brauchst du für die Pupillen zwei kleine Kreise aus schwarzem Filz (Tipps zum Ausschneiden kleiner Formen siehe Seite 9).

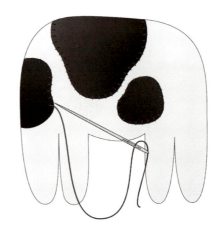

2 Nähe die drei Flecken A, B und C mit überwendlichen Stichen (siehe Seite 10) und schwarzem Nähgarn auf den vorderen Körper.

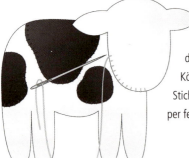

3 Lege den Kopf so an den vorderen Körper, dass der zusammengesetzte vordere Teil genau so groß ist wie der hintere Körper. Nähe den Kopf mit überwendlichen Stichen mit weißem Nähgarn am vorderen Körper fest.

4 Die Pailletten werden mit schwarzem Nähgarn auf die schwarzen Flecken des Körpers genäht. Drei Stiche genügen für jede Paillette. Halte etwas Abstand zu den Kanten des Körpers.

5 Nun mit überwendlichen Stichen die schwarzen Flecken im Gesicht, das Maul, die Augen und die Pupillen aufnähen. Nimm für jedes Teil Nähgarn in einer passenden Farbe.

6 Für die Nasenlöcher stickst du mit rosa Nähgarn zwei kleine Kreise im Rückstich auf (siehe Seite 10). Den Mund im Rückstich mit schwarzem Garn sticken.

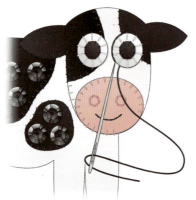

7 Sticke auch eine Linie im Rückstich um die Augen der Kuh. Wenn du möchtest, kannst du mit weißem Nähgarn eine weitere Linie um die Kontur von Kopf und Ohr sticken. Dadurch hebt sich der Kopf deutlicher vom schwarzen Fleck auf dem Körper ab.

8 Lege den Schwanz auf ein kleines Stück weißen Filz. Nähe von oben nach unten mit weißem Nähgarn eine Linie im Heftstich (siehe Seite 10). Dann wenden und auf dem Rückweg die Lücken zwischen den vorherigen Stichen füllen. So entsteht eine durchgehende Linie. Achte darauf, dass die Stiche auch auf der Rückseite ordentlich aussehen. Die untere Lage genau entlang der Schwanzkontur ausschneiden – nun hast du einen doppellagigen Schwanz.

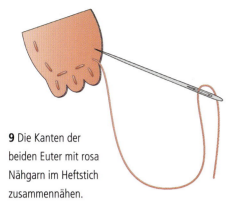

9 Die Kanten der beiden Euter mit rosa Nähgarn im Heftstich zusammennähen.

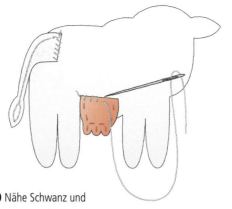

10 Nähe Schwanz und Euter mit weißem Nähgarn an der Innenseite des hinteren Körpers fest. Dabei nicht zur Vorderseite des weißen Filzes durchstechen.

11 Nun die beiden Körperteile mit überwendlichen Stichen und weißem Nähgarn zusammennähen. An der linken Seite (direkt unter dem schwarzen Fleck) beginnen und zuerst Beine und Bauch bis zum Kopf nähen. Die Beine ausstopfen (Tipps zum Ausstopfen siehe Seite 11).

12 Nun die Kanten von Kopf und Rücken mit überwendlichen Stichen zusammennähen. Nimm jeweils Garn in der Farbe des Filzes und stopfe während des Nähens den Körper allmählich aus. Achte darauf, dass am Schwanzansatz die Stiche auch auf der Rückseite ordentlich aussehen.

13 Wenn du möchtest, kannst du nun mit weißem Nähgarn eine Reihe Heftstiche von unten nach oben entlang der Kopfkontur auf den Körper sticken. Dadurch bekommt die Kuh eine schönere Form. Stich durch alle Filzlagen und die Wattierung und zieh die Stiche schön fest. Achte darauf, dass die Stiche auch auf der Rückseite ordentlich aussehen. Zum Schluss den Faden sorgfältig auf der Rückseite vernähen.

Auf dem Bauernhof 81

Paul, das pfiffige Pferd

Hast du ein Möhrchen für dieses süße Pferd? Ich habe es aus braunem Filz genäht, aber du kannst auch andere Farben wählen. Wie wäre ein hellgraues Fell mit dunkler Mähne? Wenn du die Vorlagen für Kopf und Körper durchpaust, kannst du darauf auch andere Muster oder Flecken zeichnen. Schneide sie aus und benutze sie als Schablonen. Nähe die Muster und Flecken in Schritt 4 mit passendem Garn auf.

Du brauchst:

Vorlagen auf Seite 123

Dunkelbraunen Filz, ca. 8 x 8,5 cm

Kleine Filzreste in Schwarz und Weiß

Mittelbraunen Filz, ca. 11 x 15 cm

Nähgarn in passenden Farben

Polyester-Füllwatte

Nähnadel, Sticknadel, Schere, Stecknadeln

1 Schneide mithilfe der Vorlagen die folgenden Teile aus: eine Mähne, eine Stirnlocke und zwei Schwänze aus dunkelbraunem Filz, eine Blesse und zwei Augen aus weißem Filz, einen vorderen Körper, einen hinteren Körper, einen Kopf und ein Maul aus mittelbraunem Filz. Außerdem brauchst du zwei kleine Kreise aus schwarzem Filz für die Pupillen (Tipps zum Zuschneiden kleiner Formen siehe Seite 9).

2 Die Mähne mit überwendlichen Stichen (siehe Seite 10) und dunkelbraunem Nähgarn an den vorderen Körper nähen.

3 Den Kopf so an den vorderen Körper anlegen, dass die Vorderseite des Pferdes genau so groß ist wie der hintere Körper. Den Kopf mit überwendlichen Stichen und Garn in einer passenden Farbe am vorderen Körper festnähen.

4 Nähe Blesse und Maul mit überwendlichen Stichen auf den Pferdekopf. Nimm dafür Nähgarn in passenden Farben.

5 Auch Stirnlocke, Augen und Pupillen werden mit überwendlichen Stichen und passenden Farben festgenäht.

6 Sticke mit dunkelbraunem Nähgarn zwei kleine Kreise im Rückstich (siehe Seite 10) für die Nasenlöcher. Den lächelnden Mund stickst du im Rückstich mit weißem Nähgarn.

7 Lege die beiden Schwänze aufeinander und nähe ihre Kanten mit überwendlichen Stichen und dunkelbraunem Garn zusammen.

8 Den Schwanz mit überwendlichen Stichen an der Innenseite des hinteren Körpers nähen, aber dabei nicht zur Vorderseite des Filzes durchstechen.

9 Nun die beiden Körperteile mit überwendlichen Stichen und braunem Nähgarn zusammennähen. Beginne links direkt unter dem Kopf und nähe zuerst Beine und Bauch. Stopfe die Beine aus (Tipps zum Ausstopfen siehe Seite 11).

10 Nun werden die restlichen Kanten von Rücken und Kopf zusammengenäht, bis keine Lücke mehr offen ist. Stopfe dabei allmählich den Körper aus.

11 Wenn du magst, kannst du nun mit braunem Nähgarn eine Reihe Heftstiche von unten nach oben entlang der Kopfkontur auf den Körper sticken. Dadurch bekommt das Pferd eine schönere Form. Stich durch alle Filzlagen und die Wattierung und zieh die Stiche gut fest. Achte darauf, dass die Stiche auch auf der Rückseite ordentlich aussehen. Zum Schluss den Faden sorgfältig auf der Rückseite vernähen.

Auf dem Bauernhof

Kapitel fünf
Im Garten

Die Rotkehlchen-Familie

Zu dieser Vogelfamilie gehört sogar ein Küken, das noch gar nicht ganz aus dem Ei geschlüpft ist. Rotkehlchen, die blaue Eier legen, leben zwar hauptsächlich in Amerika, aber ich fand die Farbe so hübsch, dass ich es nicht so genau genommen habe. Mama Rotkehlchen gibt mit einer Schlaufe aus Band (siehe Seite 12) auch einen schönen Weihnachtsbaumschmuck ab.

Du brauchst:

Vorlagen auf Seite 124

Braunen Filz, ca. 12 x 15 cm

Weißen Filz, ca. 4,5 x 6,5 cm

Roten Filz, ca. 5 x 6,5 cm

Filzreste in Schwarz, Orange und Hellbraun

Hell türkisblauen Filz, ca. 8 x 8,5 cm

Nähgarn in passenden Farben

Baumwollsticktwist in Hellbraun

Rote Pailletten, Ø 8 mm

4 schwarze Rocailles, Ø 3 mm

Polyester-Füllwatte

Nähnadel, Sticknadel, Schere, Stecknadeln

Großes Rotkehlchen

1 Schneide mithilfe der Vorlagen die folgenden Teile zu: zwei Rotkehlchen und zwei Flügel aus braunem Filz, einen Bauch und zwei Augen aus weißem Filz, eine Brust aus rotem Filz, einen Schnabel und vier Füße aus schwarzem Filz. Schneide außerdem zwei kleine Kreise für die Pupillen aus schwarzem Filz zu (Tipps zum Zuschneiden kleiner Formen siehe Seite 9).

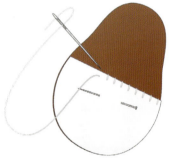

2 Stecke den Bauch auf eins der Rotkehlchen-Teile und nähe ihn mit überwendlichen Stichen (siehe Seite 10) und weißem Nähgarn fest. Die Stecknadel wieder herausziehen.

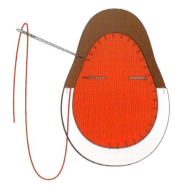

3 Nun die Brust in die Mitte desselben Teils stecken und mit überwendlichen Stichen und rotem Nähgarn festnähen. Die Stecknadel entfernen.

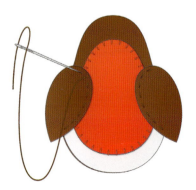

4 Die inneren Kanten der Flügel mit einer Reihe Heftstiche (siehe Seite 10) und braunem Nähgarn an die Seiten des Körpers nähen, aber nicht zu nahe an der Kante.

5 Die Pailletten auf die rote Brust nähen. Nimm dafür rotes Nähgarn und befestige jede mit drei Stichen. Augen, Pupillen und Schnabel mit überwendlichen Stichen und Garn in passenden Farben auf das Gesicht nähen.

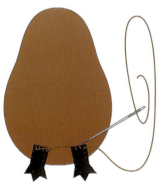

6 Ein Paar Füße umdrehen – nun hast du zwei linke und zwei rechte Füße. Lege sie aufeinander und nähe die Kanten mit überwendlichen Stichen und schwarzem Garn zusammen. Beginne oben und nähe um die Kante, bis du wieder oben angekommen bist. Dann die Füße mit braunem Nähgarn an die Innenseite des hinteren Körpers nähen, dabei aber nicht bis zur Vorderseite des Filzes durchstechen.

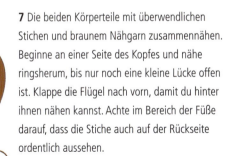

7 Die beiden Körperteile mit überwendlichen Stichen und braunem Nähgarn zusammennähen. Beginne an einer Seite des Kopfes und nähe ringsherum, bis nur noch eine kleine Lücke offen ist. Klappe die Flügel nach vorn, damit du hinter ihnen nähen kannst. Achte im Bereich der Füße darauf, dass die Stiche auch auf der Rückseite ordentlich aussehen.

8 Das Rotkehlchen ausstopfen (Tipps zum Ausstopfen siehe Seite 11) und das letzte Stück Naht schließen. Zum Schluss den Faden sorgfältig auf der Rückseite vernähen.

Im Garten

Das Ei

1 Schneide mithilfe der Vorlagen zwei Eier aus türkisfarbenem Filz zu.

2 Das vordere und das hintere Ei mit überwendlichen Stichen (siehe Seite 10) und farblich passendem Nähgarn entlang der Kanten zusammennähen, bis nur noch eine kleine Lücke offen ist. Das Ei ausstopfen (Tipps zum Ausstopfen siehe Seite 11). Die Lücke schließen und zum Schluss den Faden sorgfältig auf der Rückseite vernähen.

Das Küken im Ei

1 Schneide mithilfe der Vorlagen die folgenden Teile aus: zwei halb geschlüpfte Küken aus braunem Filz und zwei Eierschalen aus türkisblauem Filz. Außerdem brauchst du ein kleines Dreieck in Orange für den Schnabel (Tipps zum Zuschneiden kleiner Formen siehe Seite 9).

2 Einen Vogel und eine Eierschale umdrehen – diese Teile bilden die Rückseite des Kükens im Ei. Jede Eierschale mit überwendlichen Stichen und türkisfarbenem Garn an das dazugehörige Küken nähen. Es ist wichtig, dass die Vorder- und Rückseite des Kükens im Ei genau gleich groß sind.

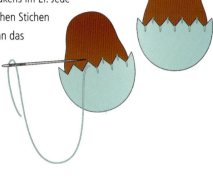

3 Die beiden Perlen werden mit schwarzem Nähgarn in drei oder vier Stichen als Augen auf die Vorderseite genäht. Darunter den Schnabel mit drei Stichen und orangefarbenem Garn festnähen. Jeder Stich hält eine Ecke des kleinen Dreiecks fest.

4 Nun die beiden Teile aufeinanderlegen und die Kanten der Eierschale mit überwendlichen Stichen und türkisfarbenem Garn zusammennähen. Die Kanten des Kükens mit braunem Garn nähen und eine kleine Lücke offen lassen. Vogel und Eierschale ausstopfen (Tipps zum Ausstopfen siehe Seite 11) und die Lücke in der Naht schließen. Zum Schluss den Faden sorgfältig auf der Rückseite vernähen.

Das Rotkehlchen-Küken

1 Schneide mithilfe der Vorlagen die folgenden Teile zu: zwei Rotkehlchen-Küken aus braunem Filz, zwei kleine Flügel aus hellbraunem Filz und zwei kleine Füße aus orangefarbenem Filz. Außerdem brauchst du ein kleines Dreieck in Orange für den Schnabel (Tipps zum Zuschneiden kleiner Formen siehe Seite 9).

Hinweis: Ich habe die Füße aus einlagigem Filz zugeschnitten. Wenn sie dicker und stabiler sein sollen, schneide nicht zwei, sondern vier Füße zu und nähe jeweils zwei mit Heftstich oder überwendlichen Stichen (siehe Seite 10) mit Nähgarn in Orange zusammen. Wenn du das Nähen so kleiner Formen schwierig findest, kannst du auch so vorgehen wie bei den Eulenfüßen auf Seite 20: zwei Füße ausschneiden, auf ein größeres Stück Filz nähen und danach die untere Lage ausschneiden.

2 Die Flügel mit einer Heftstich-Linie (siehe Seite 10) entlang ihrer Mitte auf einem Körper festnähen – aber nicht zu nahe an der Kante des Körpers. Nimm dafür Garn in der Farbe der Flügel.

3 Ein Stück hellbraunen Baumwollsticktwist teilen (sechsfädigen Sticktwist in 2 x drei Fäden). In eine Sticknadel einfädeln und mehrere kurze Spannstiche auf die Brust des kleinen Vogels sticken. Das sind die Federn.

4 Die beiden Perlen werden mit schwarzem Nähgarn in drei oder vier Stichen als Augen auf die Vorderseite genäht. Darunter den Schnabel mit drei Stichen und orangefarbenem Garn festnähen. Jeder Stich hält eine Ecke des kleinen Dreiecks fest.

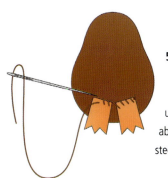

5 Die Füße auf der Innenseite des hinteren Körpers mit überwendlichen Stichen (siehe Seite 10) und braunem Nähgarn festnähen, aber dabei nicht ganz durch den Filz stechen.

6 Die beiden Körperteile mit überwendlichen Stichen und braunem Nähgarn entlang der Kanten zusammennähen. An einer Seite beginnen und eine kleine Lücke zum Ausstopfen offen lassen. Falte die Flügel nach vorn und nähe hinter ihnen. Wenn du über die Füße nähst, achte darauf, dass die Stiche auch auf der Rückseite ordentlich aussehen. Den Vogel ausstopfen (Tipps zum Ausstopfen siehe Seite 11), die Lücke in der Naht schließen und den Faden sorgfältig auf der Rückseite vernähen.

Frieda, der vergnügte Frosch

Quak! Der kleine Frosch ist sehr gesprächig – und er eignet sich gut für Einsteiger, weil er so leicht zu nähen ist. Wenn du tropische Frösche spannend findest, kannst du ihn auch aus hellgrünem Filz nähen und mit knallroten Pailletten verzieren.

Du brauchst:

Vorlagen auf Seite 122
Grünen Filz, ca. 11 x 12 cm
Filzreste in Schwarz und Weiß
Nähgarn in passenden Farben
Grüne Pailletten, Ø ca. 6 mm
Polyester-Füllwatte
Nähnadel, Sticknadel, Schere, Stecknadeln

1 Schneide mithilfe der Vorlagen die folgenden Teile zu: zwei Frösche, ein Vorder- und ein Hinterbein aus grünem Filz, ein Auge aus weißem Filz. Außerdem brauchst du einen kleinen Kreis aus schwarzem Filz für die Pupille (Tipps zum Zuschneiden kleiner Formen siehe Seite 9).

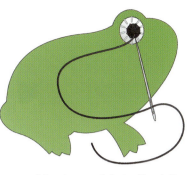

2 Das Auge und die Pupille mit überwendlichen Stichen (siehe Seite 10) und farblich passendem Nähgarn auf den Frosch nähen.

3 Danach das vordere und hintere Bein mit überwendlichen Stichen und grünem Nähgarn am Körper festnähen.

4 Mit grünem Nähgarn zwei leicht gebogene Linien im Heftstich (siehe Seite 10) auf das hintere Bein sticken. Zuerst in einer Richtung sticken, dann wenden und auf dem Rückweg die Lücken zwischen den ersten Stichen ausfüllen. So entstehen durchgehende Linien.

5 Den lächelnden Mund mit kleinen Rückstichen (siehe Seite 10) mit schwarzem Garn aufsticken. Beginne an der kleinen Einbuchtung am unteren Kopf des Froschs.

6 Nähe nun von oben nach unten die Pailletten mit grünem Nähgarn auf, aber nicht zu nah an der Kante des Körpers. Jede Paillette wird mit drei Stichen befestigt.

7 Die beiden Körperteile aufeinanderlegen und zuerst die Unterkante mit überwendlichen Stichen und grünem Nähgarn zusammennähen. Die untere Hälfte des Körpers ausstopfen (Tipps zum Ausstopfen siehe Seite 11).

8 Die Kanten weiter zusammennähen und dabei den Frosch allmählich ganz ausstopfen. Zum Schluss den Faden sorgfältig auf der Rückseite vernähen.

Im Garten

Trude, die plappernde Taube

Ru-kuuh! Manche Menschen lieben Tauben, andere finden sie scheußlich. Dieses nette Exemplar hat ein gesticktes Gefieder. Du könntest aber auch silbrige Pailletten auf den Flügel nähen. Wenn du die Taube verschenken möchtest, schicke sie mit der Post – dann ist es eine Brieftaube.

Du brauchst:

Vorlagen auf Seite 123
Hellgrauen Filz, ca. 8,5 x 10 cm
Grauen Filz, ca. 3 x 5 cm
Filzreste in Weiß, Orange und Schwarz
Nähgarn in passenden Farben
Baumwollsticktwist in Weiß und hellem Lila
Polyester-Füllwatte
Nähnadel, Sticknadel, Schere, Stecknadeln

1 Schneide mithilfe der Vorlagen die folgenden Teile zu: zwei Tauben aus hellgrauem Filz, einen Flügel aus grauem Filz, ein Auge aus weißem Filz, einen Schnabel und zwei Füße aus orangefarbenem Filz. Außerdem brauchst du einen kleinen Kreis aus schwarzem Filz für die Pupille (Tipps zum Zuschneiden kleiner Formen siehe Seite 9).

Hinweis: Ich habe die Füße und den Schnabel aus einlagigem Filz zugeschnitten. Wenn sie dicker und stabiler sein sollen, schneide vier Füße und zwei Schnäbel zu und nähe jeweils zwei mit Heftstich oder überwendlichen Stichen (siehe Seite 10) und Nähgarn in Orange zusammen. Wenn du das Nähen so kleiner Formen schwierig findest, kannst du auch so vorgehen wie bei den Eulenfüßen auf Seite 20: zwei Füße ausschneiden, auf ein größeres Stück Filz nähen und danach die untere Lage ausschneiden.

2 Das Auge und die Pupille mit überwendlichen Stichen (siehe Seite 10) in farblich passendem Nähgarn auf einen Körper nähen.

3 Den Flügel auf den Körper stecken und ringsherum mit Heftstich (siehe Seite 10) und grauem Nähgarn festnähen. Danach die Stecknadel wieder herausziehen.

4 Ein Stück fliederfarbenen Baumwollsticktwist teilen (sechsfädigen Sticktwist in 2 x drei Fäden). In eine Sticknadel einfädeln und drei Reihen einzelner Stiche auf Bauch und Hals der Taube sticken. Variiere die Länge der Stiche ein wenig. Teile ein Stück weißen Baumwollsticktwist und sticke mit dreifädigem Garn vier Reihen kurzer Stiche quer auf den Hals. Sticke außerdem eine Linie im Rückstich (siehe Seite 10) entlang der unteren Flügelkontur.

Sunny, der bunte Schmetterling

Dieser schöne Schmetterling hat kunterbunte Flügel. Wenn du möchtest, nähe doch einen ganzen Schwarm in verschiedenen Farben und verziere jeden mit anderen Stickereien und Pailletten. Pause die Umrisse des Schmetterlings auf Papier durch, um eigene Entwürfe für die Flügel zu zeichnen.

Du brauchst:

Vorlagen auf Seite 124

Türkisblauen Filz, ca. 10 x 13,5 cm

Korallenroten Filz, ca. 4,5 x 8 cm

Hell türkisblauen Filz, ca. 5 x 6,5 cm

Filzrest in Weiß

Nähgarn in passenden Farben und in Schwarz

Baumwollsticktwist in Pink

2 pinkfarbene und 6 blaue Pailletten, Ø ca. 6 mm

2 schwarze Rocailles, Ø 3 mm

Polyester-Füllwatte

Nähnadel, Sticknadel, Schere, Stecknadeln

1 Schneide mithilfe der Vorlagen die folgenden Teile zu: zwei Flügel und zwei Kreise aus türkisfarbenem Filz, zwei obere und zwei untere Tropfen aus korallenrotem Filz, zwei Körper aus hell türkisblauem Filz und zwei Augen aus weißem Filz.

2 Stecke einen Körper in der Mitte der Flügel fest, wie auf der Abbildung. Nähe die Tropfen mit überwendlichen Stichen (siehe Seite 10) mit korallenrotem Nähgarn auf die Flügel. Danach werden die Kreise mit türkisfarbenem Nähgarn in überwendlichen Stichen auf die oberen Tropfen genäht.

3 Nähe auf jeden Kreis eine Paillette in Rosa. Auf die oberen Tropfen wird außerdem eine blaue Paillette genäht, auf die unteren Tropfen nähst du zwei blaue Pailletten. Jede Paillette wird mit drei Stichen festgehalten. Achte darauf, dass die Stiche auf der rechten und der linken Seite des Schmetterlings symmetrisch angeordnet sind.

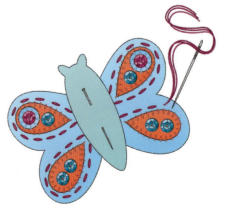

4 Ein Stück pinkfarbenen Baumwollsticktwist teilen (sechsfädigen Sticktwist in 2 x drei Fäden). Das dreifädige Stickgarn in eine Sticknadel einfädeln und um den Rand jedes Tropfens eine Reihe Heftstiche (siehe Seite 10) sticken. Diese beginnen und enden an der Kante des Körpers.

5 Die Stecknadel herausziehen und die Flügel beiseitelegen. Die Augen werden mit weißem Nähgarn und überwendlichen Stichen auf einen Körper genäht. Auf jedem Auge als Pupille mit schwarzem Nähgarn und drei oder vier Stichen eine kleine schwarze Perle festnähen. Der lächelnde Mund wird im Rückstich auf das Gesicht gestickt.

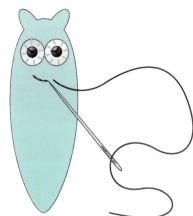

6 Nun alle vier Lagen aufeinanderlegen: die Flügel liegen zwischen den beiden Körpern. Stecke alle Lagen zusammen. Eine Seite des Körpers mit überwendlichen Stichen mit passendem Nähgarn zusammennähen. Beginne dort, wo der Körper an die Flügel stößt. Nähe bis zum Kopf und weiter um die Fühler. Achte darauf, dass die Stiche auch auf der Rückseite ordentlich aussehen. Die Stecknadel herausziehen.

7 Die andere Seite des Schmetterlingskörpers zusammennähen und dabei den Körper allmählich ausstopfen (Tipps zum Ausstopfen siehe Seite 11), bis die gesamten Kanten des Körpers zusammengenäht sind.

8 Die Kanten der Flügel mit Nähgarn in einer passenden Farbe und überwendlichen Stichen zusammennähen. Mein Schmetterling hat flache Flügel. Wenn du sie ausstopfen möchtest, musst du eine kleine Lücke in jedem Flügel lassen. Schiebe etwas Füllwatte hinein und nähe die Kanten dann ganz zusammen. Zum Schluss den Faden sorgfältig auf der Rückseite vernähen.

Sofia, die lustige Schnecke

Diese niedliche Schnecke hat ein hübsch besticktes Haus. Wenn du möchtest, kannst du es auch mit Pailletten verzieren oder einen ungewöhnlichen Filz aussuchen – vielleicht mit Punkten oder einem Leopardenmuster? Wer sagt denn, dass nur Menschen gern in schönen Häusern wohnen?

Du brauchst:

Vorlagen und Stickmuster auf Seite 125

Mintgrünen Filz, ca. 5 x 9 cm

Hellbraunen Filz, ca. 9 x 10 cm

Filzrest in Weiß

Nähgarn in passenden Farben

Baumwollsticktwist in Hellrosa und Helltürkis

2 schwarze Rocailles, Ø 3 mm

Transparentpapier oder Butterbrotpapier

Spitzer Bleistift oder Fineliner

Polyester-Füllwatte

Nähnadel, Sticknadel, Schere, Stecknadeln

1 Schneide mithilfe der Vorlagen die folgenden Teile zu: zwei Schneckenhäuser aus mintgrünem Filz, zwei Schnecken aus hellbraunem Filz und zwei Augen aus weißem Filz.

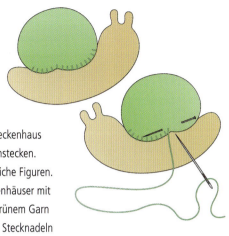

2 Je eine Schnecke und ein Schneckenhaus wie auf der Abbildung zusammenstecken. Du erhältst also zwei spiegelbildliche Figuren. Die unteren Kanten der Schneckenhäuser mit überwendlichen Stichen in mintgrünem Garn an die Körper nähen. Danach die Stecknadeln herausziehen. Eine Schnecke beiseitelegen.

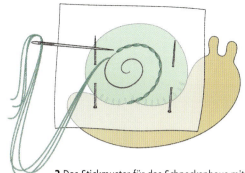

3 Das Stickmuster für das Schneckenhaus mit einem spitzen Bleistift oder einem Fineliner auf ein kleines Stück Transparentpapier durchpausen. Das Papier mittig auf das Schneckenhaus aus Filz stecken. Ein Stück hell türkisblauen Baumwollsticktwist teilen (sechsfädigen Sticktwist in 2 x drei Fäden). Das dreifädige Garn in eine Sticknadel einfädeln und die vorgezeichnete spiralförmige Linie durch Transparentpapier und Filz im Rückstich (siehe Seite 10) nachsticken. Dann die Stecknadeln herausziehen, das Papier abreißen und kleine Stücke, die zwischen den Stichen hängen bleiben, vorsichtig mit einer Stecknadel entfernen.

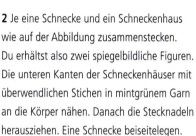

4 Ein Stück Baumwollsticktwist wie zuvor teilen und mit dreifädigem Garn einzelne Stiche strahlenförmig um die Spiral-Linie auf dem Schneckenhaus sticken. Den Stickfaden nicht zu fest ziehen, sonst wellt sich der Filz.

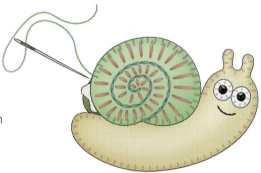

5 Die Augen mit überwendlichen Stichen und weißem Nähgarn an den vorderen Kopf nähen. Als Pupille mit schwarzem Nähgarn eine schwarze Perle aufnähen und den Mund im Rückstich mit schwarzem Nähgarn sticken.

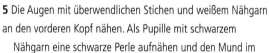

6 Das vordere und das hintere Teil aufeinanderlegen und die Kanten des Schneckenkörpers mit überwendlichen Stichen und hellbraunem Garn zusammennähen. Den Schneckenkörper ausstopfen (Tipps zum Ausstopfen siehe Seite 11).

7 Das Schneckenhaus mit mintgrünem Garn ringsherum zusammennähen, aber eine kleine Öffnung zum Ausstopfen lassen. Die Übergänge zwischen Körper und Schneckenhaus sehr sorgfältig nähen, damit dort keine Füllwatte herausquellen kann. Das Schneckenhaus ausstopfen, die Lücke in der Naht schließen und den Faden sorgfältig auf der Rückseite vernähen.

Kapitel sechs

Im Haus

Die Hundefamilie

Wau-wau! Diese Hundefamilie wedelt freundlich mit den Schwänzen. Ich habe den großen Hund und die Welpen aus honiggelbem Filz genäht, aber sie sehen auch in Braun toll aus. Du kannst die lächelnden Münder mit oder ohne rosa Zunge nähen, ganz wie du möchtest. Bei der Vorlage für den Welpen sitzt der Schwanz links. Dreh ihn einfach um, wenn du ihn lieber rechts haben möchtest.

Du brauchst:

Vorlagen auf Seite 125

Honiggelben Filz, ca. 14,5 x 20 cm

Filzreste in Weiß, Schwarz und Rosa

Nähgarn in passenden Farben

6 schwarze Rocailles, Ø 3 mm

Polyester-Füllwatte

Nähnadel, Sticknadel, Schere, Stecknadeln

Der große Hund

1 Schneide mithilfe der Vorlagen die folgenden Teile zu: einen vorderen Körper, einen hinteren Körper, einen Kopf, zwei Schwänze und zwei Ohren aus honiggelbem Filz. Du brauchst außerdem zwei kleine Kreise für die Augen aus weißem Filz und ein kleines Oval für die Nase aus schwarzem Filz (Tipps zum Zuschneiden kleiner Formen siehe Seite 9).

2 Den Kopf mit überwendlichen Stichen (siehe Seite 10) in farblich passendem Nähgarn an den Körper nähen. Das zusammengesetzte Teil muss genau so groß sein wie der hintere Körper.

3 Die Ohren mit einigen überwendlichen Stichen und honiggelbem Nähgarn seitlich an den Kopf nähen. Die Augen und die Nase mit Garn in passenden Farben festnähen, dann auf jedem Auge mit schwarzem Nähgarn und drei oder vier kleinen Stichen eine Rocaille als Pupille festnähen. Der lächelnde Mund wird mit schwarzem Nähgarn im Rückstich (siehe Seite 10) gestickt.

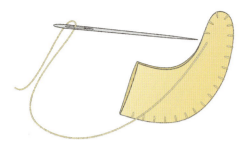
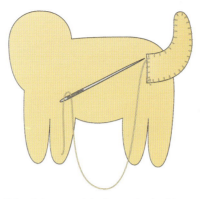

4 Die beiden Schwänze aufeinanderlegen und entlang der Kanten mit honiggelbem Nähgarn in überwendlichen Stichen zusammennähen.

5 Den Schwanz auf der Innenseite des hinteren Körpers mit überwendlichen Stichen und honiggelbem Garn festnähen, aber dabei nicht ganz durch den Filz stechen.

6 Die beiden Körperteile mit überwendlichen Stichen und honiggelbem Nähgarn zusammennähen. Beginne unter dem Kopf und nähe zuerst Beine und Bauch zusammen. Die Beine ausstopfen (Tipps zum Ausstopfen siehe Seite 11).

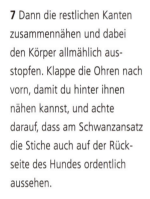

7 Dann die restlichen Kanten zusammennähen und dabei den Körper allmählich ausstopfen. Klappe die Ohren nach vorn, damit du hinter ihnen nähen kannst, und achte darauf, dass am Schwanzansatz die Stiche auch auf der Rückseite des Hundes ordentlich aussehen.

8 Du kannst nun mit honiggelbem Nähgarn eine Reihe Heftstiche von unten nach oben entlang der Kopfkontur auf den Körper sticken. Dadurch bekommt der Hund eine schönere Form. Stich durch alle Filzlagen und die Wattierung und zieh die Stiche schön fest. Achte darauf, dass die Stiche auch auf der Rückseite ordentlich aussehen. Zum Schluss den Faden sorgfältig auf der Rückseite vernähen.

Die Welpen

1 Schneide mithilfe der Vorlagen für jeden Welpen einen vorderen Körper, einen hinteren Körper, einen Kopf, zwei Ohren und zwei Schwänze aus honiggelbem Filz zu. Außerdem brauchst du ein kleines Oval für die Nase aus schwarzem Filz (Tipps zum Zuschneiden kleiner Formen siehe Seite 9). Wenn du möchtest, schneide für die Zunge aus rosa Filz ein kleines Rechteck zu, das an einem Ende abgerundet ist.

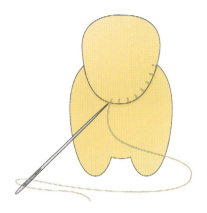

2 Den Kopf mit überwendlichen Stichen (siehe Seite 10) mit farblich passendem Nähgarn an den Körper nähen. Das zusammengesetzte Teil muss genau so groß sein wie der hintere Körper.

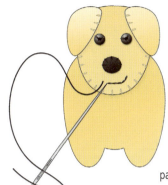

3 Die Ohren mit einigen überwendlichen Stichen und honiggelbem Nähgarn seitlich an den Kopf nähen. Die Augen und die Nase mit Garn in passenden Farben festnähen, dann auf jedem Auge mit schwarzem Nähgarn und drei oder vier kleinen Stichen eine Rocaille als Pupille festnähen. Der lächelnde Mund wird mit schwarzem Nähgarn im Rückstich (siehe Seite 10) gestickt. Wenn der Hund eine Zunge bekommen soll, muss der mittlere Teil des Mundes gerade sein.

4 Wenn dein Hund eine Zunge bekommt, nähe sie jetzt mit überwendlichen Stichen in rosa Nähgarn unter dem Mund fest.

5 Den Schwanz zusammennähen, wie es beim großen Hund in Schritt 4 erklärt ist. Dann den Schwanz an der Innenseite des hinteren Körpers mit honiggelbem Nähgarn festnähen, aber dabei nicht ganz durch den Filz stechen.

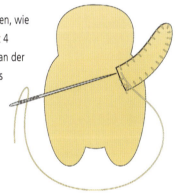

6 Die beiden Körperteile mit überwendlichen Stichen und honiggelbem Nähgarn zusammennähen. Beginne hinter einem der Ohren, nähe an einer Seite abwärts, dann entlang der Beine. Beim Zusammennähen der zweiten Seite wird der kleine Hund allmählich ausgestopft (Tipps zum Ausstopfen siehe Seite 11). Klappe die Ohren nach vorn, damit du hinter ihnen nähen kannst.

7 Du kannst nun mit honiggelbem Nähgarn eine Reihe Heftstiche (siehe Seite 10) entlang der Unterkante des Kopfes sticken, damit der Welpe eine schönere Form bekommt (wie in Schritt 8 der Anleitung für den großen Hund). Wenn dein Welpe eine Zunge hat, musst du sie anheben und unter ihr sticken. Zum Schluss den Faden sorgfältig auf der Rückseite vernähen.

Knut, das kuschelige Kaninchen

Das niedliche Kaninchen ist auf der Suche nach knackigen Möhren. Mein Kaninchen hat ein Fell aus lila Filz und sieht wie ein Osterhase aus. Du kannst natürlich auch ein braunes Kaninchen nähen. Verschenke es doch zu Ostern: Es hält garantiert länger als ein Osterei aus Schokolade.

Du brauchst:

Vorlagen auf Seite 126

Lila Filz, ca. 10,5 x 12 cm

Weißen Filz, ca. 5 x 5 cm

Filzreste in Hellrosa, Flieder und Schwarz

Nähgarn in passenden Farben

Polyester-Füllwatte

Nähnadel, Sticknadel, Schere, Stecknadeln

1 Schneide mithilfe der Vorlagen die folgenden Teile zu: einen vorderen Körper, einen hinteren Körper und einen Kopf aus lila Filz. Zwei Schwänze, zwei Augen und ein Paar Zähne aus weißem Filz. Eine Nase und je ein Ohr aus hellrosa Filz und ein Wangenteil aus hell fliederfarbenem Filz. Schneide außerdem zwei kleine Kreise für die Pupillen aus schwarzem Filz (Tipps zum Zuschneiden kleiner Formen siehe Seite 9).

2 Lege den Kopf so an den vorderen Körper, dass die beiden zusammengesetzten Teile genau so groß sind wie der hintere Körper. Nähe den Kopf mit überwendlichen Stichen (siehe Seite 10) und lila Nähgarn am vorderen Körper fest.

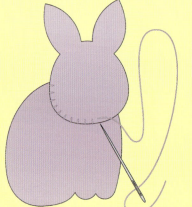

3 Die Ohren, die Augen und die Zähne werden mit überwendlichen Stichen mit Nähgarn in passenden Farben auf das Gesicht genäht. In der Mitte der Zähne mit weißem Nähgarn eine kurze Linie im Rückstich (siehe Seite 10) sticken, damit man erkennt, dass es zwei Zähne sind.

4 Nun das Wangenteil, die Nase und die Pupillen mit überwendlichen Stichen und Nähgarn in passenden Farben auf das Gesicht nähen. Sticke für die Barthaare drei lange Stiche mit weißem Garn.

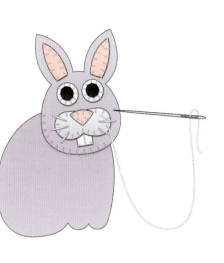

5 Für die Umrisse der Beine werden drei Linien im Rückstich mit lila Nähgarn auf den Körper gestickt.

6 Die Schwänze aufeinanderlegen und die Kanten mit überwendlichen Stichen in weißem Nähgarn zusammennähen. Die gerade Kante bleibt offen. Stopfe etwas Füllwatte hinein, aber lass an der geraden Kante einen Streifen frei (er liegt später versteckt zwischen den beiden Körperhälften).

7 Den Schwanz auf der Innenseite des hinteren Körpers mit überwendlichen Stichen und lila Nähgarn festnähen, aber nicht ganz durch den Filz stechen.

8 Die beiden Körperteile mit überwendlichen Stichen in lila Nähgarn zusammennähen. Beginne an der rechten Seite, wo der Kopf an den Körper stößt. Nähe um den Kopf und beide Ohren herum. Stopfe jedes Ohr aus, wenn du seine zweite Kante nähst. (Tipps zum Ausstopfen siehe Seite 11).

9 Dann die Kanten an der linken Seite, an den Beinen und zuletzt an der rechten Seite zusammennähen und währenddessen den Kopf und den Körper des Kaninchens allmählich ausstopfen. Achte besonders am Schwanzansatz darauf, dass die Stiche auch auf der Rückseite ordentlich aussehen.

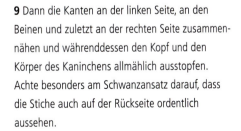

10 Du kannst nun mit lila Nähgarn eine Reihe Heftstiche von unten nach oben entlang der Kopfkontur auf den Körper sticken. Dadurch bekommt das Kaninchen eine schönere Form. Stich durch alle Filzlagen und die Wattierung und zieh die Stiche schön fest. Achte darauf, dass die Stiche auch auf der Rückseite ordentlich aussehen. Zum Schluss den Faden sorgfältig auf der Rückseite vernähen.

Im Haus

Karla, die knuddelige Katze

Schnurr! Ich habe meine kleine Katze aus schwarzem und weißem Filz genäht. Entscheide selbst, ob dir andere Farben besser gefallen. Wenn sie ein Muster aus Flecken bekommen soll, pause die Umrisse von Kopf und Körper auf ein Stück Papier durch und zeichne das Muster darauf vor. Schneide die Flecken aus und nähe sie in Schritt 3 auf. Oder möchtest du lieber ein Streifenmuster sticken?

Du brauchst:

Vorlagen auf Seite 126

Schwarzen Filz, ca. 9,5 x 19 cm

Filzreste in Weiß und Rosa

Nähgarn in passenden Farben

Baumwollsticktwist in Rosa

Polyester-Füllwatte

Nähnadel, Sticknadel, Schere, Stecknadeln

1 Schneide mithilfe der Vorlagen die folgenden Teile zu: zwei Katzen und einen Kopf aus schwarzem Filz, zwei Augen und je einen Flecken aus weißem Filz, zwei Ohren aus rosa Filz. Du brauchst außerdem zwei kleine Kreise aus schwarzem Filz für die Pupillen und ein kleines rosa Dreieck für die Nase (Tipps zum Zuschneiden kleiner Formen siehe Seite 9).

2 Stecke den Kopf so an einen Körper, dass die Ohren genau aufeinanderliegen. Nähe den Kopf mit überwendlichen Stichen (siehe Seite 10) und schwarzem Nähgarn fest. Danach die Stecknadel wieder herausziehen.

3 Die weißen Flecken wie auf der Abbildung mit überwendlichen Stichen und weißem Nähgarn festnähen.

4 Die Augen und die Pupillen mit Garn in passenden Farben festnähen. Die Nase und die Ohren werden mit drei Stichen festgenäht: jeder Stich hält eine Spitze des Dreiecks fest.

5 Ein Stück rosa Baumwollsticktwist teilen (sechsfädigen Sticktwist in 2 x drei Fäden). Das dreifädige Garn in eine Sticknadel einfädeln und das Maul der Katze im Rückstich (siehe Seite 10) sticken. Für die Barthaare sechs gerade Stiche mit weißem Nähgarn aufsticken.

6 Die beiden Körperteile mit überwendlichen Stichen und schwarzem Nähgarn zusammennähen. Beginne links, wo der Kopf an den Körper stößt. Nähe Bauch und Beine bis zum unteren Schwanzansatz zusammen. Die Beine ausstopfen (Tipps zum Ausstopfen siehe Seite 11).

7 Nun den Schwanz zusammennähen: zuerst die linke Seite. Beim Zusammennähen der rechten Seite stopfst du den Schwanz Stück für Stück aus.

8 Die restlichen Kanten zusammennähen und dabei den Kopf und den Körper der Katze allmählich ausstopfen.

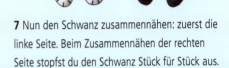

9 Wenn du möchtest, kannst du nun mit schwarzem Nähgarn eine Reihe Heftstiche von unten nach oben entlang der Kopfkontur auf den Körper sticken. Dadurch bekommt die Katze eine schönere Form. Stich durch alle Filzlagen und die Wattierung und zieh die Stiche schön fest. Achte darauf, dass die Stiche auch auf der Rückseite ordentlich aussehen. Zum Schluss den Faden sorgfältig auf der Rückseite vernähen.

Miau!

Molly, das drollige Meerschweinchen

Du brauchst:

Vorlagen auf Seite 127

Ockergelben Filz, ca. 8,5 x 11 cm

Filzreste in Hellbraun, Weiß und Schwarz

Rosa Filz, ca. 4,5 x 5 cm

Passendes Nähgarn

Baumwollsticktwist in Rosa

Polyester-Füllwatte

Nähnadel, Sticknadel, Schere, Stecknadeln

Meerschweinchen sind tolle tierische Freunde! Dieses ist so einfach zu nähen, dass es auch Einsteigern bestimmt gut gelingt. Du kannst für sein Fell auch eine andere Farbe aussuchen. Wenn es ein Fleckenmuster bekommen soll, pause den Körper auf Papier durch und zeichne die Flecken darauf vor. Schneide sie aus und benutze sie als Schablonen zum Zuschneiden der Filzteile. Sie werden aufgenäht, bevor du mit Schritt 2 der Anleitung beginnst.

1 Schneide mithilfe der Vorlagen die folgenden Teile zu: zwei Meerschweinchen aus ockergelbem Filz, ein Ohr aus hellbraunem Filz, ein Auge aus weißem Filz, eine Nase und vier Füße aus rosa Filz. Außerdem brauchst du einen kleinen Kreis aus schwarzem Filz für die Pupille (Tipps zum Zuschneiden kleiner Formen siehe Seite 9).

Hinweis: Ich habe die Füße aus einlagigem Filz zugeschnitten. Wenn sie dicker und stabiler sein sollen, schneide nicht vier, sondern acht Füße zu und nähe jeweils zwei mit Heftstich oder überwendlichen Stichen (siehe Seite 10) und Nähgarn in einer passenden Farbe zusammen. Wenn du das Nähen so kleiner Formen schwierig findest, kannst du auch so vorgehen wie bei den Eulenfüßen auf Seite 20: zwei Füße ausschneiden, auf ein größeres Stück Filz nähen und danach die untere Lage ausschneiden.

2 Das Auge, die Pupille und die Nase mit überwendlichen Stichen (siehe Seite 10) und Nähgarn in passenden Farben festnähen. Das Ohr wird mit Heftstich und hellbraunem Garn entlang seiner Kante aufgenäht.

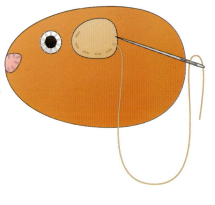

3 Ein Stück rosa Baumwollsticktwist teilen (sechsfädigen Sticktwist in 2 x drei Fäden). Das dreifädige Garn in eine Sticknadel einfädeln und den lächelnden Mund im Rückstich (siehe Seite 10) aufsticken. Für die Barthaare drei einzelne Stiche mit weißem Nähgarn sticken.

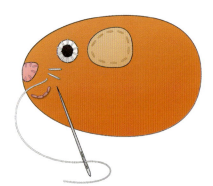

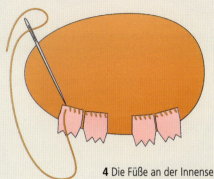

4 Die Füße an der Innenseite des hinteren Körpers mit überwendlichen Stichen und Nähgarn in der Farbe des Körpers festnähen, aber nicht ganz durch den Filz stechen.

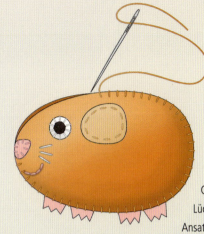

5 Die beiden Körperteile mit überwendlichen Stichen zusammennähen. Nimm für die Nase rosa Nähgarn und für den Körper Garn in der Farbe des Fells. Lass eine kleine Lücke zum Ausstopfen offen und achte am Ansatz der Füße darauf, dass die Stiche auch auf der Rückseite ordentlich aussehen. Den Körper ausstopfen (Tipps zum Ausstopfen siehe Seite 11), die Lücke in der Naht schließen und zum Schluss den Faden sorgfältig auf der Rückseite vernähen.

Willi, der witzige Wellensittich

Der kleine Wellensittich sucht nach einem guten Landeplatz. Sittiche gibt es in vielen schönen Farben – nähe doch gleich einen bunten Schwarm! Für den Körper könntest du Filz in Hellblau oder Lila benutzen. Auch ein grüner Vogel mit Flügeln und Kopf in Gelb sieht toll aus.

Du brauchst:

Vorlagen auf Seite 127

Hell türkisblauen Filz, ca. 11 x 11 cm

Weißen Filz, ca. 6,5 x 8 cm

Filzreste in Gelb, Grau und Schwarz

Nähgarn in passenden Farben

Baumwollsticktwist in Schwarz, Grau und hellem Türkis

Polyester-Füllwatte

Nähnadel, Sticknadel, Schere, Stecknadeln

1 Schneide mithilfe der Vorlagen die folgenden Teile zu: zwei Wellensittiche aus Filz in hellem Türkis, einen Flügel und einen Kopf aus weißem Filz, einen Schnabel aus gelbem Filz und ein Fußteil aus grauem Filz. Du brauchst außerdem einen kleinen Kreis aus schwarzem Filz für das Auge (Tipps zum Zuschneiden kleiner Formen siehe Seite 9).

Hinweis: Ich habe die Füße aus einlagigem Filz zugeschnitten. Wenn sie dicker und stabiler sein sollen, schneide ein weiteres Fußteil zu und nähe beide Teile mit Heftstich oder überwendlichen Stichen (siehe Seite 10) und Nähgarn in Grau zusammen. Wenn du das Nähen so kleiner Formen schwierig findest, kannst du auch so vorgehen wie bei den Eulenfüßen auf Seite 20: zwei Füße ausschneiden, auf ein größeres Stück Filz nähen und danach die untere Lage ausschneiden.

2 Nähe den Kopf mit überwendlichen Stichen (siehe Seite 10) und weißem Nähgarn an einen Körper. Lege den Flügel auf und nähe ihn entlang seiner oberen und rechten Kante fest.

3 Den Schnabel und das Auge mit überwendlichen Stichen und Nähgarn in passenden Farben an den Kopf nähen.

4 Ein Stück schwarzen Baumwollsticktwist teilen (sechsfädigen Sticktwist in 2 x drei Fäden). Das dreifädige Garn in eine Sticknadel einfädeln und im Rückstich (siehe Seite 10) zwei schwarze Linien auf den Schwanz sticken. Ein Stück grauen Baumwollsticktwist ebenso teilen. Im Rückstich ein Muster aus leicht gebogenen Linien auf die Flügel sticken – immer abwechselnd zwei graue Linien und eine schwarze. Sticke zuerst die grauen Linien und lass Lücken für die schwarzen, die anschließend gestickt werden.

110 Im Haus

5 Mit dem geteilten schwarzen Baumwollsticktwist vier kurze Stiche am Hals des Wellensittichs aufsticken. Teile ein Stück Baumwollsticktwist in Türkis und sticke damit zwei Stiche über dem Schnabel und für den kleinen Fleck auf der Wange drei Stiche übereinander.

6 Mit dreifädigem Baumwollsticktwist in Grau werden die leicht gebogenen Linien am Hinterkopf des Wellensittichs im Rückstich aufgestickt.

7 Die Füße an der Innenseite des hinteren Körpers mit überwendlichen Stichen und Nähgarn in der Farbe des Körpers festnähen, aber dabei nicht ganz durch den Filz stechen.

8 Die beiden Körperteile mit überwendlichen Stichen zusammennähen. Beginne am Schnabel mit gelbem Nähgarn und fahre mit weißem Nähgarn an Kopf und Flügeln fort.

9 Den Kopf des Wellensittichs ausstopfen (Tipps zum Ausstopfen siehe Seite 11). Dann Schwanz und Bauch mit Nähgarn in Türkis zusammennähen und währenddessen den restlichen Vogel allmählich ausstopfen. Achte am Ansatz der Füße darauf, dass die Stiche auch auf der Rückseite ordentlich aussehen. Wenn der Wellensittich ringsherum zusammengenäht ist, musst du noch den Faden sorgfältig auf der Rückseite vernähen.

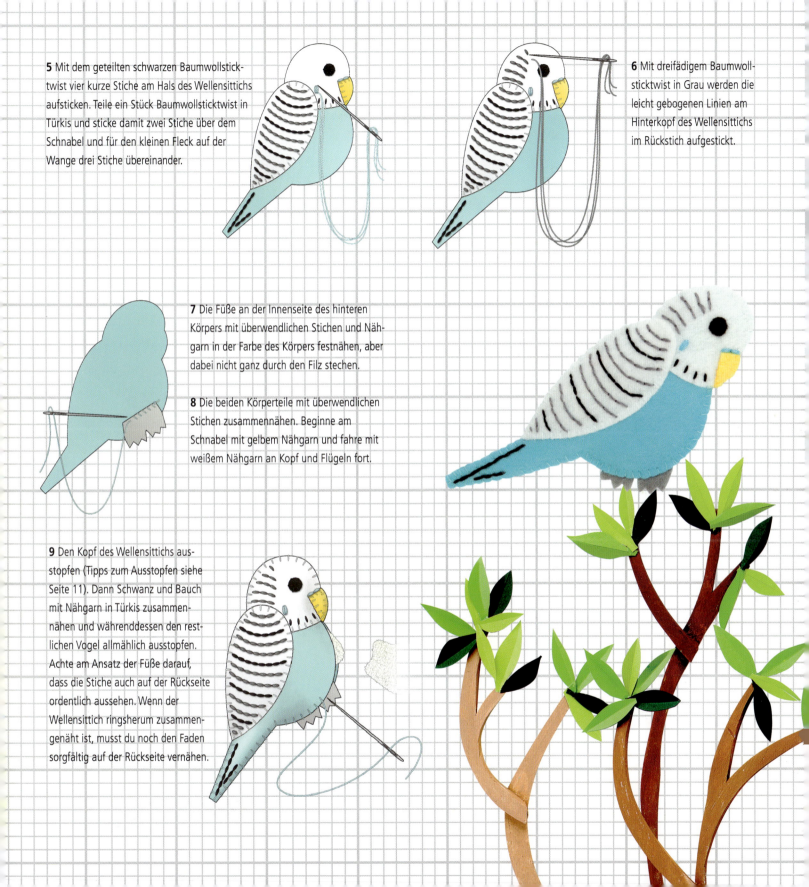

Vorlagen

Fuchs und Welpen Seite 16

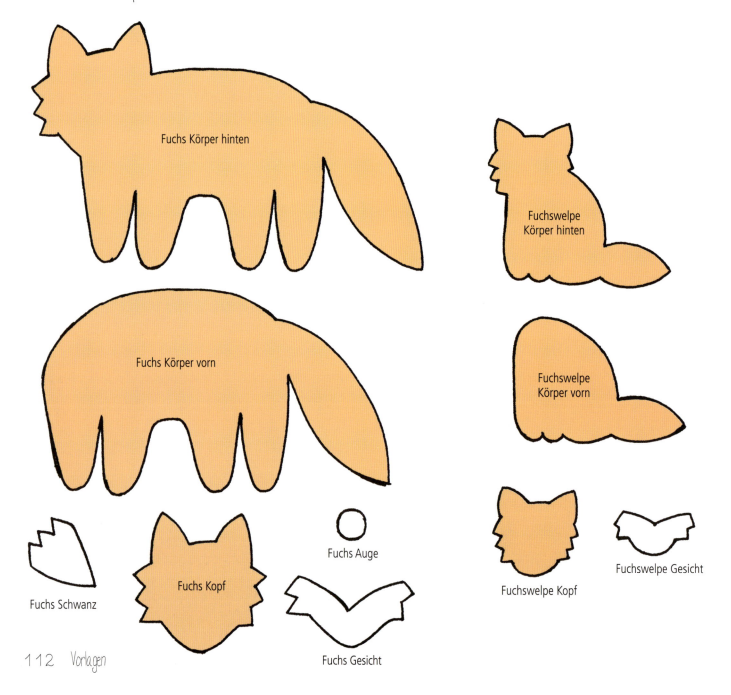

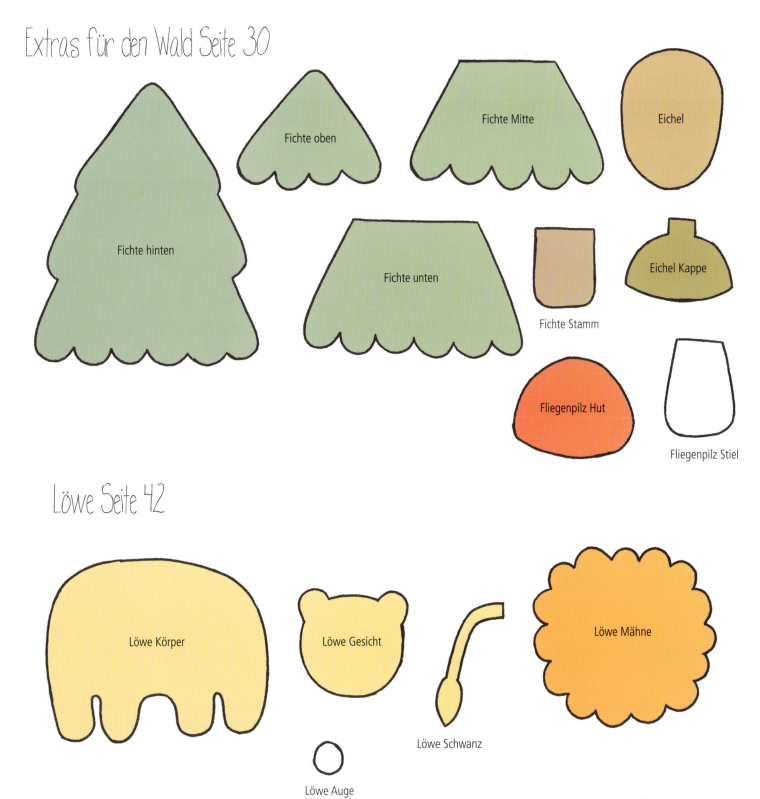

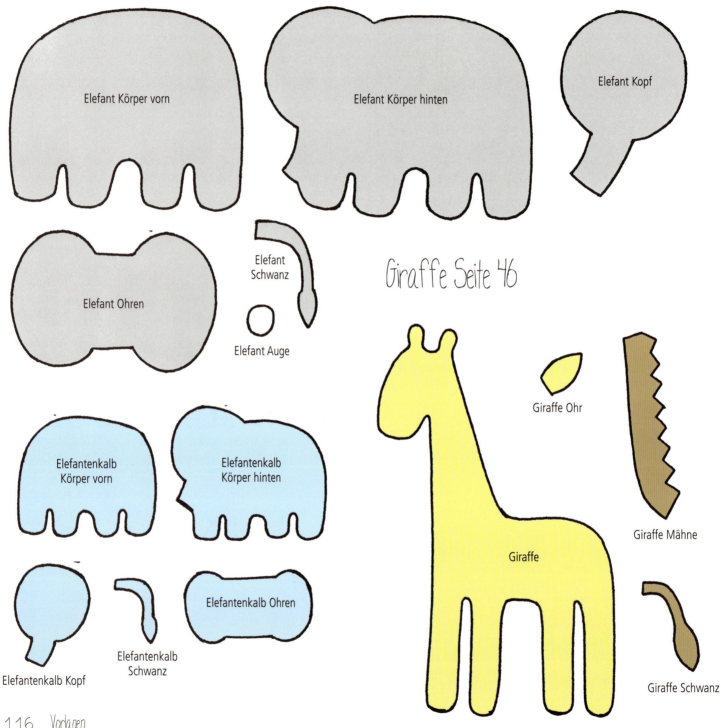

Flusspferd Seite 44

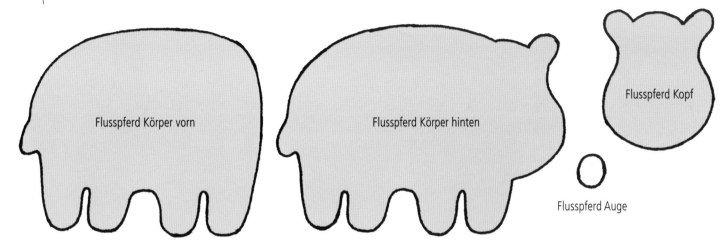

Zebra Seite 48

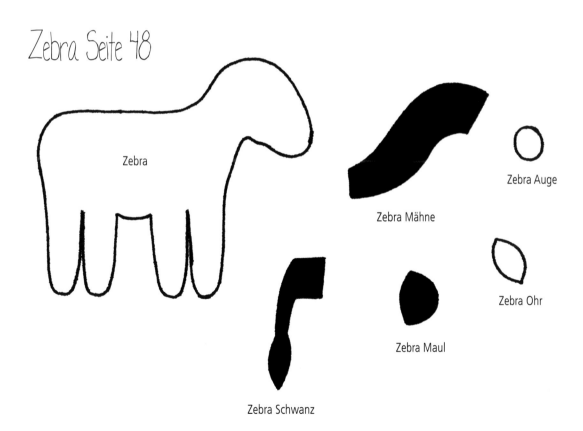

Vorlagen 117

Fische Seite 52

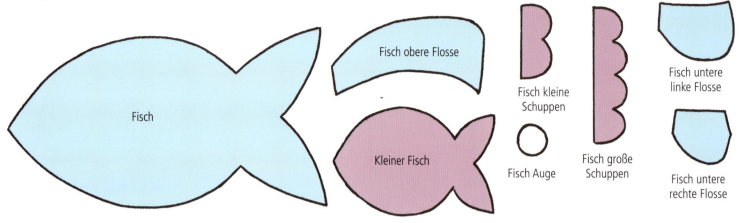

Wal Seite 56

Seepferdchen Seite 58

Krabbe Seite 60

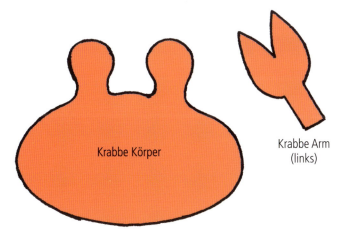

Krabbe Körper

Krabbe Arm (links)

Krabbe Schere (links)

Krabbe Beine

Qualle Seite 64

Qualle Crab body

Qualle Auge

Delfin Seite 62

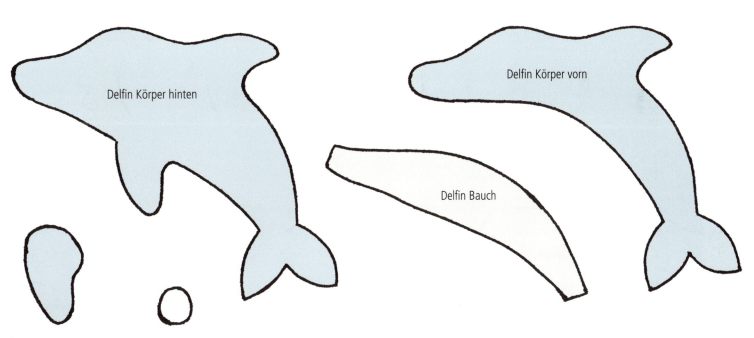

Delfin Körper hinten

Delfin Körper vorn

Delfin Bauch

Delfin Flosse

Delfin Auge

Vorlagen 119

Henne und Küken Seite 68

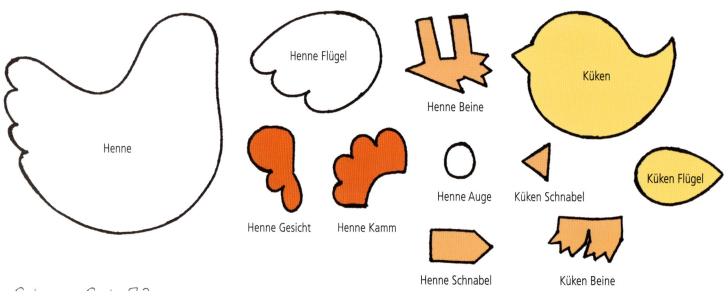

Schwein Seite 72

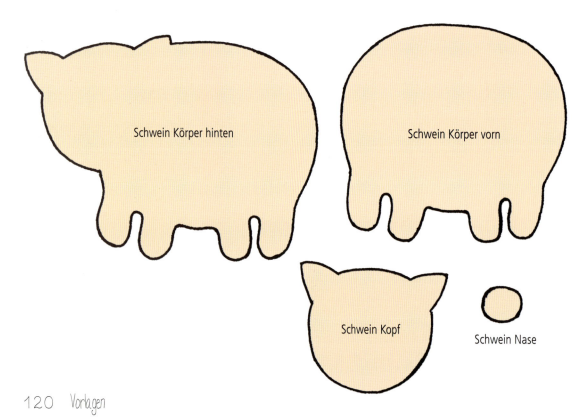

Hütehund Seite 76

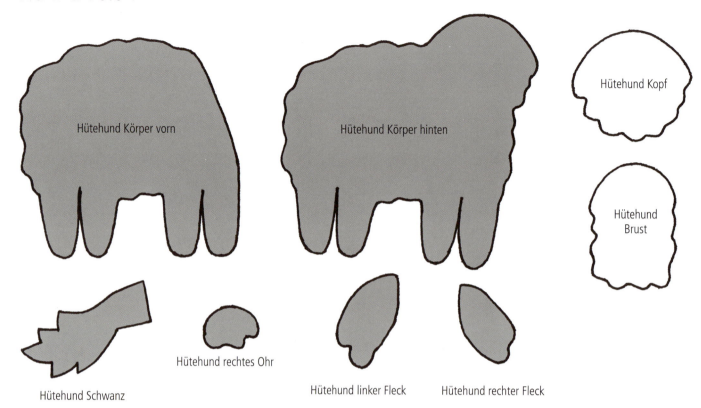

Frosch Seite 90

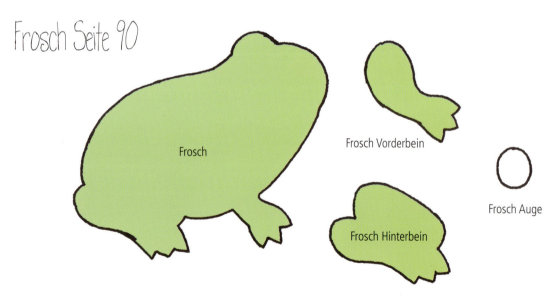

Pferd Seite 82

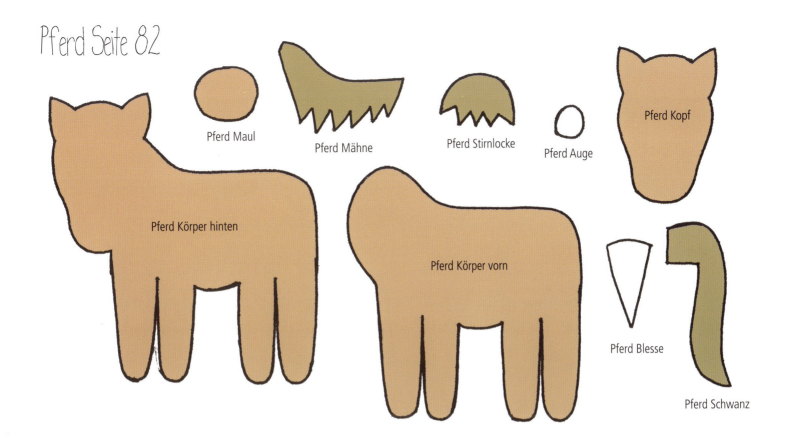

Taube Seite 92

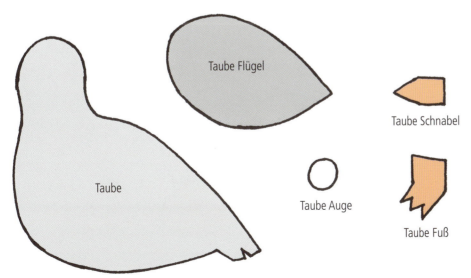

Rotkehlchen-Familie Seite 86

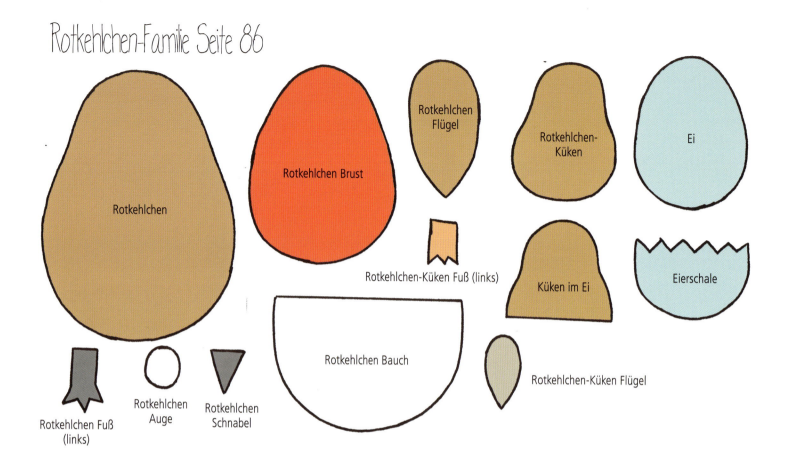

Schmetterling Seite 94

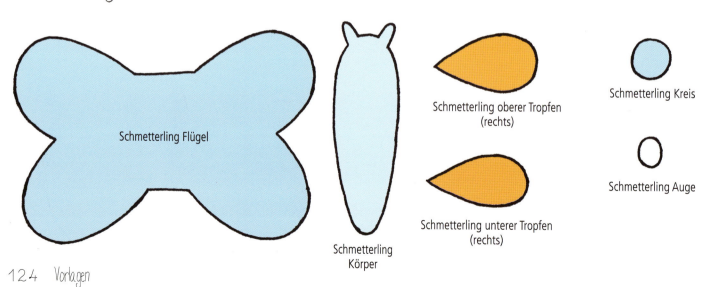

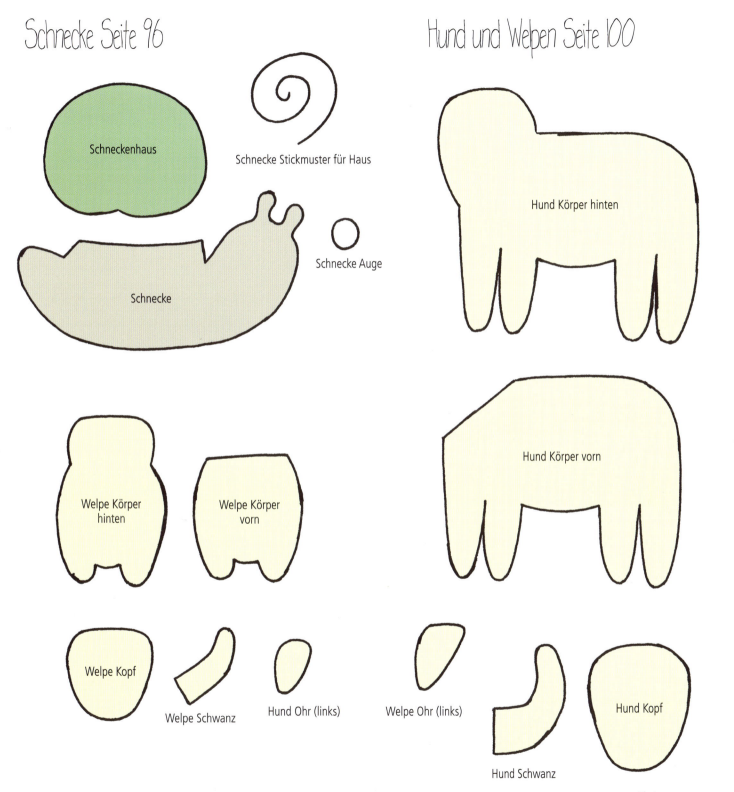

Kaninchen Seite 104

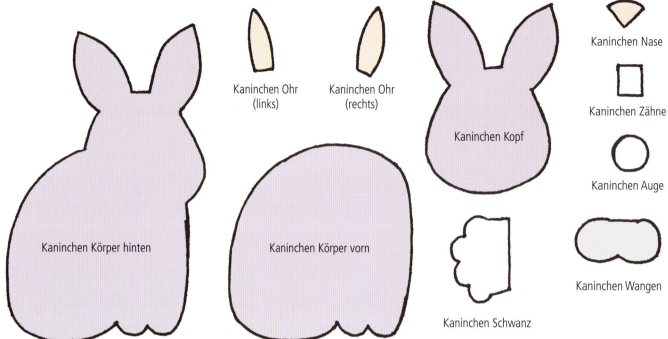

Katze Seite 106

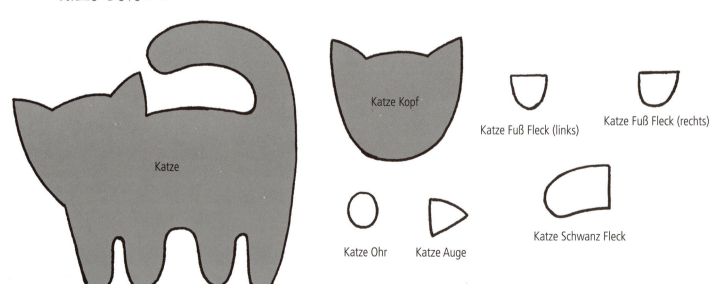

126 Vorlagen

Meerschweinchen Seite 108

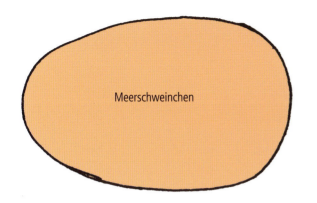
Meerschweinchen

Meerschweinchen Ohr

Meerschweinchen Fuß

Meerschweinchen Nase

Meerschweinchen Auge

Wellensittich Seite 110

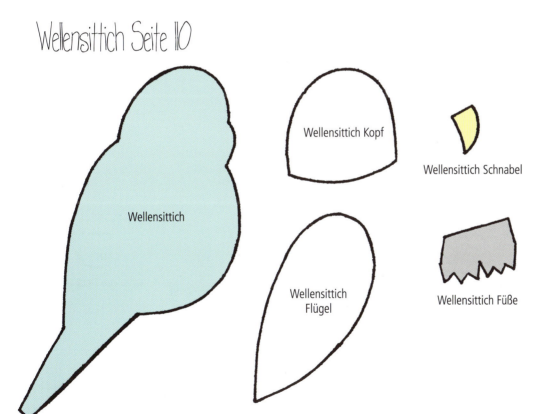

Vorlagen 127

Hersteller

Buttinette Textil-Versandhaus GmbH
www.buttinette.de

Efco, Hobbygross Erler GmbH
www.efco.de

Rayher Hobby GmbH
www.rayher-hobby.de

Register

Anhänger 12
Applizieren, Filz 13
Ausrüstung 8
Ausstopfen 8, 11

Baum 30–31
   Vorlagen 115
Baumwollsticktwist 8
Broschen 13

Dachs 24–25
   Vorlagen 113
Dekorationen 12
Delfin 62–63
   Vorlagen 119

Eichel 30, 33
   Vorlagen 115
Eichhörnchen 22–23
   Vorlagen 113
Elefant und Junge 36–39
   Vorlagen 116
Eule 20–21
   Vorlagen 113

Fichte 30–31
   Vorlagen 115
Filz 8
Fisch-Schwarm 52–55
   Vorlagen 118
Fliegenpilze 30, 32
   Vorlagen 115
Flusspferd 44–45
   Vorlagen 117
Frosch 90–91
   Vorlagen 122
Fuchs und Welpen 16–19
   Vorlagen 112
Füße, doppellagig 20

Garne 8
Geschenkideen 12–13
Giraffe 46–47
   Vorlagen 116
Girlanden 12

Heftstich 10
Hühner und Küken 68–71
   Vorlagen 120
Hund und Welpen 100–103; siehe auch Hütehund
   Vorlagen 125
Hütehund 76–77
   Vorlagen 122

Igel 28–29
   Vorlagen 114

Kaninchen 104–105
   Vorlagen 126
Katze 106–107
   Vorlagen 126
Kleine Teile
   ausschneiden 9
   nähen 20
Krabbe 60–61
   Vorlagen 119
Krokodil 40–41
   Vorlagen 114
Kuh 78–81
   Vorlagen 121

Löwe 42–43
   Vorlagen 115

Materialien 8
Meerschweinchen 108–109
   Vorlagen 127
Mobiles 12

Nähen, Filz 10–11

Pferd 82–83
   Vorlagen 123

Qualle 64–65
   Vorlagen 119

Reh 26–27
   Vorlagen 114
Rotkehlchen und Junge 86–89
   Vorlagen 124
Rückstich 10

Schafe 74–75
   Vorlagen 121
Schlüsselanhänger 12
Schmetterling 94–95
   Vorlagen 124
Schnecke 96–97
   Vorlagen 125
Schwein 72–73
   Vorlagen 120
Seepferdchen 58–59
   Vorlagen 118
Spannstich 10
Stiche, nähen mit der Hand 10
Stickgarn 8

Taube 92–93
   Vorlagen 123
Techniken 9

Vorlagen 112–27
   vergrößern 12
   verwenden 9

Überwendlicher Stich 10

Vögel siehe Eule, Wellensittich, Taube, Rotkehlchen

Wal 56–57
   Vorlagen 118
Wald, Extras 30–33
   Vorlagen 115
Wellensittich 110–111
   Vorlagen 127
Welpen 100–101, 103
   Vorlagen 125
Werkzeuge 8

Zebra 48–49
   Vorlagen 117
Zuschneiden 9